名师名校名校长

凝聚名师共识
回应名师关怀
打造名师品牌
培育名师群体

程明远题

语文教学行思录

柯泽华 / 编著

广东省中小学
柯泽华名教师工作室成果集

中国出版集团　现代出版社

图书在版编目（CIP）数据

语文教学行思录：广东省中小学柯泽华名教师工作
室成果集 / 柯泽华编著. — 北京：现代出版社，
2022.3

ISBN 978-7-5143-9782-6

Ⅰ.①语… Ⅱ.①柯… Ⅲ.①语文课—教学研究—中
小学 Ⅳ.①G633.302

中国版本图书馆CIP数据核字（2022）第042008号

语文教学行思录：广东省中小学柯泽华名教师工作室成果集

作　　者　柯泽华
责任编辑　张　璐
出版发行　现代出版社
地　　址　北京市安定门外安华里504号
邮政编码　100011
电　　话　010-64267325　64245264
网　　址　www.1980xd.com
印　　制　北京政采印刷服务有限公司
开　　本　710mm×1000mm　1/16
印　　张　11
字　　数　176千字
版　　次　2022年3月第1版　　2022年3月第1次印刷
书　　号　ISBN 978-7-5143-9782-6
定　　价　58.00元

目录

第一辑 语文·课堂

第二辑 语文·思考

语文·课堂

　　每一个成功的课堂教学实例，都是教师依据课程标准、学情分析，深入挖掘教材教学价值，选准教学切入点后的精心设计。这里，倾注着教师孜孜不倦的教学追求；这里，见证着学生成长的足迹。课堂上，师生对话，生生对话，生本对话……思维的火花得到不断的碰撞，彼此之间的心弦得到不断的拨动，学习力获得源源不断的提升。

是英雄更是女儿

——《木兰诗》课堂教学实录品评

陆丰市龙山中学　柯泽华

上课时间：2021年3月11日

上课地点：陆丰市龙山中学

上课对象：七年级（1）班50人

授课教师：刘映辉（陆丰市龙山中学）

听课教师：陆丰市初级中学语文骨干教师

课堂实录	随堂点评
教学活动一：教学回顾，查缺补漏 师：同学们，我们上节课已经运用"留、调、替、补、删"五字诀的翻译方法对课文进行了翻译，整体把握了木兰"替父从征"的故事情节。下面，我们一起有感情地朗读课文，朗读时请注意节奏和停顿。 （全班齐读） 师：大家虽然读得整齐流利，但有个别字音读错，感情还不到位，下面请大家共同来纠正。 字音如：可汗（应读kè）、裳（应读cháng）、著（应读zhuó）	教学伊始，查缺补漏，干脆利落，朴素自然。

课堂实录	随堂点评

停顿如："东市/买/骏马，西市/买/鞍鞯，南市/买/辔头，北市/买/长鞭"，这里的"买"字应该停顿。

教学活动二：感悟木兰的英雄人物形象

师：我们知道木兰是众人皆知的女英雄，请大家研读课文，从中找出刻画这一英雄人物形象的诗句加以分析，并用以下格式回答问题。

（出示PPT）

从_____中看出木兰_____人物形象。

（学生开始认真阅读课文，边读边讨论，边做批注）

师：老师刚才巡视了一下，发现同学们都能认真地寻找答案。下面请同学们回答问题。

生1：我从"归来见天子，天子坐明堂。策勋十二转，赏赐百千强"中看出木兰战功赫赫，得到很多的赏赐。

师：思考一下，这说明什么？

生1：这说明木兰英勇善战，战功赫赫。

生2：我从"阿爷无大儿，木兰无长兄，愿为市鞍马，从此替爷征"中看出木兰勇于担当责任，勇敢坚毅，替父从军，保家卫国的人物形象。

师：你找得很细心，对课文内容理解十分到位。

生3：我从"可汗问所欲，木兰不用尚书郎，愿驰千里足，送儿还故乡"中看出木兰虽然功勋卓著，却不贪图个人名利的人物形象。

师：你说得很好，木兰虽立下战功，却不慕名利，很好！还有其他同学要说吗？

生4："东市买骏马，西市买鞍鞯，南市买辔头，北市买长鞭"这句话讲的是木兰在为从军做好充分准备，购买战备物品。

师：这说明木兰做事情具备怎样的特点？

生4：为战事准备周全，细心周到；有急于奔赴前线的心理活动在里面，也有木兰做事刚强果断的性格在里面。

紧贴文本提出木兰英雄人物形象的讨论话题，符合立德树人的要求。

从_____中可以看出木兰_____人物形象。这一答题格式指向性明确，操作性强。

课堂实录

生5：老师，我从"万里赴戎机，关山度若飞。朔气传金柝，寒光照铁衣。将军百战死，壮士十年归"几个句子中看出木兰在征战过程当中，不畏艰难困苦，英勇善战，因为很多将军和战士在战争中牺牲了，而木兰却活了下来。

师：你说得很有道理。这里，我们先来解释一下"戎"字的意思。

生5："戎"这里指的是战事，另外，如"投笔从戎""兵戎相见"的"戎"也是这个意思。

师：很好，大家再来翻译一下"将军百战死，壮士十年归"，注意这里所运用的修辞手法。

生6：将士们身经百战，有的为国捐躯，有的转战多年得胜归来。这两句诗里的"将军"和"壮士"、"百战"和"十年"互文见义。

师：这位同学翻译得很到位，且对"互文"的解释也很准确。"互文"也叫互辞，是古诗文中经常采用的一种修辞手法。古文中对它的解释是："参互成文，含而见文。"具体地说，它是这样一种形式：上下两句或一句话中的两个部分，看似各说两件事，实则是互相呼应、互相补充，说的是一件事。它是一种上下文义互相交错、互相渗透、互相补充，表达一个完整句子意思的修辞方法。

生7：（迫不及待站起来回答）老师，我从"同行十二年，不知木兰是女郎"中看出木兰十分机警谨慎，虽跟男战友们一起打仗、生活多年，却未被发现是女儿身，这需要木兰本身十分的警觉和小心。

师：非常好，多年一起行军作战，却从未露破绽，可见木兰的机警谨慎、智勇双全。

生7：老师，还有"雄兔脚扑朔，雌兔眼迷离；双兔傍地走，安能辨我是雄雌"也说明了木兰的机智。

师：这位同学的学习能力很强，发现了两处。请你顺便解释一下"安"的意思？

生7："安"是"怎么"的意思。

随堂点评

在感悟木兰的英雄人物形象这一教学环节中，学生能够抓住关键语句，深入文本，分析具体有深度，全面把握住了木兰这一英雄人物形象。

教师在学生回答的过程中适时加以追问，引发学生进一步思考，提高学生思考问题的全面性和深刻性。

教师在学生回答的基础上加以提炼总结和肯定，在教学上起到了穿针引线的作用。

课堂实录	随堂点评

师：对，我们这里拓展延伸一下，如"安能摧眉折腰事权贵"中的"安"是"怎么"的意思，"风雨不动安如山"中的"安"是"安稳"的意思，"沛公安在"中的"安"是"哪里"的意思。

师：（出示PPT）下面，我们小结一下木兰作为女英雄的人物形象。

① 万里赴戎机，关山度若飞。朔气传金柝，寒光照铁衣。

② 归来见天子，天子坐明堂。策勋十二转，赏赐百千强。

前者渲染了军旅生活的艰苦与惨烈，从正面塑造了一个勇敢刚强的战士形象。后者通过写天子的赏赐之多，侧面表现出木兰是一位战功赫赫的女英雄。

师：同学们找了很多，分析有理有据，下面我们分析木兰的另一个形象。

教学活动三：感悟木兰的女儿人物形象

师：（PPT出示问题）木兰既是一位富有传奇色彩的女英雄，又是一位普通的女性。诗中哪些诗句描写了她作为女儿情态的一面？请做具体的分析。

生8：从"唧唧复唧唧，木兰当户织。不闻机杼声，唯闻女叹息"中看出木兰叹息不止、心事重重。

师：她为何事而叹息不止？

生8：从下文"昨夜见军帖，可汗大点兵，军书十二卷，卷卷有爷名。阿爷无大儿，木兰无长兄，愿为市鞍马，从此替爷征"中看出国家战事吃紧，木兰虽是女儿身，却能够权衡利弊，勇担重任，替父从军，表现了她的孝心。

生9：从"旦辞爷娘去，暮宿黄河边，不闻爷娘唤女声，但闻黄河流水鸣溅溅。旦辞黄河去，暮至黑山头，不闻爷娘唤女声，但闻燕山胡骑鸣啾啾"中看出女儿离开家乡，告别亲人，特别思念亲人家乡的女儿情态。

师：是的，一般情况下女儿比男儿更想家，情理之中。还有吗？

教学活动三"感悟木兰的女儿人物形象"是对教学活动二"感悟木兰的英雄人物形象"的拓展延伸。该教学活动的开展，让学生全面把握了木兰不但是英雄，更是女儿的人物形象。

生10：从"开我东阁门，坐我西阁床，脱我战时袍，著我旧时裳。当窗理云鬓，对镜帖花黄"中看出木兰脱下战袍恢复女儿情态的情景，让人有一种亲切感和真实感。

师：这里通过"开""坐""脱""著""理""帖"一系列欢快的动作描写，可以看出木兰对闺阁生活的亲切感，对女儿妆的喜爱，她同样有着一颗普通女子爱美、爱生活的心。可谓是"女儿本色，闺中情怀"。

教学活动四：感悟木兰是英雄更是女儿的人物形象

师：（PPT出示问题）请大家讨论下面的问题：文章是着墨木兰英雄人物形象的多，还是着墨木兰女儿人物形象的多？请举出实例。

生11：我认为着墨英雄人物形象的较多，如第4段的"万里赴戎机，关山度若飞。朔气传金柝，寒光照铁衣。将军百战死，壮士十年归"，这里写了木兰驰骋沙场、建立功勋的英雄形象。

生12：我认为着墨女儿人物形象的较多，文章好多地方体现了这方面的内容。如第1、2段中所涉及的织布、为家着想这些文字信息。

生13：我认为还有第3段写木兰从军路上对家乡和亲人的思念，更明显的是第6段中"开我东阁门，坐我西阁床，脱我战时袍，著我旧时裳。当窗理云鬓，对镜帖花黄"，直接描写了木兰的女儿情态。

师（小结）：我很赞同同学们以上的看法，木兰替父从军，奔赴征途，思念家乡亲人，后来保家卫国事一了，不慕名利，即刻回乡躬耕陇亩、孝敬双亲，正所谓"事了拂衣去，深藏身与名"。老师认为诗歌虽然为我们塑造了木兰"巾帼不让须眉"的英雄人物形象，但更多的笔墨却用在了描写一个富有生活化和人情味的女儿形象上。

（板书：详写女儿情态——铺陈排比；略写英雄气概——惜墨如金）

随堂点评

教学活动四是对教学活动二和教学活动三进一步的讨论与总结，不但让学生能够深入理解木兰"天下兴亡，匹夫有责"的责任担当，更能让学生理解木兰功成身退，不图名利，回家尽孝，为人儿女的优秀品质。

学生对文章详略得当的写法有了更准确的理解。

课堂实录	随堂点评
师：下面，我们一起来概括木兰的人物形象。 （出示PPT） 木兰既是巾帼英雄，又是平民少女；既是保家卫国的勇士，又是娇美爱美的女儿。她勤劳善良又坚毅勇敢，淳厚质朴又机敏聪慧，挚爱亲人又报效国家，不慕高官厚禄而热爱和平生活。 师：在理解了木兰的人物形象之后，我们再一次有感情地朗读课文，要求感情把握到位。 （全班齐读） 师：这一次的朗读，语调拿捏到位，感情充沛了许多。同学们能够通过有声的语言为听众传达出木兰既是英雄又是女儿的人物形象，很好！ 师：下面，布置相关的作业。 （出示PPT） 1.熟读成诵。 2.课外找一找像木兰这样的巾帼英雄人物，把她们的故事分享给大家。 师：下课。	

【课例品评】

这是一节生成性特别强的课堂，学生在教师的引领下，自觉深入文本，挖掘文字背后蕴藏的信息，准确把握了木兰既是英雄又是女儿的人物形象。达成了师生共生、生生共生、师生与文本共生的教学效果，是一节比较成功的生成课堂范例。

教学始终贴着文本开展活动，既注重语文能力的培养，又注重语文人文性的开掘。语文能力的培养体现在朗读能力的培养、字词的解释和拓展延伸，还有通过启发性的追问培养学生思维的深刻性等。语文人文性主要体现在让学生感悟木兰忠孝两全的人物形象上。

　　教学活动设计层层推进，环环相扣。感悟木兰的英雄人物形象→感悟木兰的女儿人物形象→感悟木兰是英雄更是女儿的人物形象，这三个教学活动不是孤立的，而是互相联系、互相补充的关系，最终水到渠成地让学生理解把握了木兰既是英雄又是女儿的人物形象。

相信学生，学生会创造奇迹

——《我有一个梦想》课堂教学实录品评

陆丰市龙山中学　刘映辉

上课时间：2019年10月14日

上课地点：陆丰市龙山中学

上课对象：高二（1）班50人

授课教师：刘映辉（陆丰市龙山中学）

听课教师：陆丰市龙山中学语文教师

课堂实录	随堂点评
师：咱们上一节课了解了马丁《我有一个梦想》的演讲背景及相关情况，并做了练习，现在我们通过讲解作业题的方式来学习这篇课文。请同学们稍后用红颜色的笔为你们拿到的作业本打分。大家翻开课本第27页（师：一边说一边迅速为听课老师发下第一课时简案）。 师：请同学们齐读第1段。 （生齐读） 师：上节课我们讲马丁的这篇演讲词激情澎湃，富于感召力，第1段就体现得非常明显。这一段用了什么修辞？（生齐答：比喻）肯定了《解放黑奴宣言》的意义。 （板书：1.回顾、肯定了《解放黑奴宣言》的重大意义；2.为什么要实现和怎样实现梦想） 师：请同学们把第2～6段各段的关键语句读出来。	教学导入干脆利落，入题快。

课堂实录	随堂点评
师：第2段的关键语句有哪些？ 生（七嘴八舌）：种族隔离、种族歧视 　　　　　　　　黑人仍生活贫困 　　　　　　　　要将现状公布于众 师：第3段的关键语句有哪些？ 生（齐答）：美国显然没有实现它的诺言。 师：第5段的关键语句有哪些？ 生：提醒美国，现在是非常急迫的时刻。 师：第6段的关键语句有哪些？ 生：黑人得不到公民的权利，美国将有叛乱。 师：很好。现在请一位同学根据刚才所说的关键语句，从现状、目的、后果（板书）三个方面整合信息，说明要实现梦想的原因。	提问语言简洁，引导学生逐段寻找答案，指向性明确。
生1：黑人仍生活在受歧视和贫困中，美国没有实现百年前的诺言，今天是讨回权利的急迫时刻，若不实现，美国将出现叛乱。 师：怎么样？几个信息点都涵盖了吧？好，大家按给分点给你们拿到的作业本打分。 （生迅速打分） 师：接下来请大家看第5段，这一段有个特殊的句式，请找出来。 生（齐答）：排比句式。 师：具体一点，"现在是……的时候"，什么样的排比？ 生：判断式排比。 （板书：判断式排比——整句）	引导学生自己寻找答案、整理答案，给作业本打分，学会扣住踩分点去答题。
师：大家课前复习了关于"整句和散句"，里面怎么讲？ 生（齐答）：（纷纷看笔记）结构相同或相似的句子。 师：多由什么句组成？ 生：排比、对偶。	板书简洁明了，一目了然。
（师插播幻灯片） 例①：歌之临空，则化为虹霓；歌之坠地，则凝作金石。 （《留取丹心照汗青》）	温故知新，跳出文本链接考点。

课堂实录	随堂点评
师：上面是一个使用对偶的整句的例子。那么相对而言，散句是怎样的？ 生：结构不整齐，各种各样的句子交错运用在一起的一组句子。 师：嗯，各种句式交错，参差不齐。 （板书：句式交错，参差不齐——散句） （师插播幻灯片） 例②：生活中，时常会有些东西触动你的心，使你激昂、欢乐、忧愁、沉思。 师：这个句子如果要化散为整的话，可以把后面那个分句子改成怎样？ 生：使你激昂，使你欢乐，使你忧愁，使你沉思。 师：大家掌握得很好。我们一起朗读第5段，体会其中的感情和气势。 （生齐读） 师（小结）："现在是……的时候"排比运用，气势排山倒海，感情充分发泄，突出讨回权利刻不容缓！课文多处运用这样的句式，我们再欣赏另一处排比，第10～13段。大家先齐读一遍，注意感情处理。 （生齐读） 师：这一部分用"只要……就……"，也就是（生齐答：条件式排比）使感情倾泻而出，情感恣肆然不失理智，层次分明，逻辑性强。这几段可分为几个层次，内容分别是什么？ 生：第10～12段，写黑人受到迫害和没有住宿之所，还有从小贫民区转到大贫民区。 师：没有概括性地回答。好，继续。 生：第13段，写黑人仍不能参加选举。 师：这样划分可以吗？ 生（齐答）：可以。 师：一个人受到迫害，没有住宿地，这是涉及最基本的什么权？ 生（回答稀稀拉拉）：生活权、生存权。	通过朗读的方式，加深学生的印象。

11

课堂实录

师：概括得很好。生存权（板书）后面一个其实就是什么？（生齐答：选举权）嗯，选举权（板书）属于什么范畴的？（生齐答：政治）对，政治权（板书），这是公民应享有的权利。

师（小结）：接下来我们以第5段和第10～13段为例说说排比句在议论文中的使用技巧。

（师插播幻灯片）

（1）可以以词语、短语、分句等集中形式出现在文中。

例：陈涉之位，非尊于齐、楚、燕、赵、韩、魏、宋、卫、中山之君也；锄耰棘矜，非铦于钩戟长铩也；谪戍之众，非抗于九国之师也；深谋远虑，行军用兵之道，非及乡时之士也。（《过秦论》）

师：咱们班里其实有个同学写作文也有这个特点。

生（羡慕地，齐问）：谁啊？

师：陈同学的《拒绝·接受》也是个很好的例子。（师插播幻灯片）

（2）可以以分散的形式出现在整篇课文中（可用排比句做分论点）。

例①：每个10～13段

例②：庄同学的《张开梦想的翅膀》

我张开梦想的翅膀，让它去探求知识。

我张开梦想的翅膀，让它去探求成功。

我又张开梦想的翅膀，问它怎样才能避开阻碍。

我再次张开梦想的翅膀，问它生命的真谛是什么。

师（小结）：咱们班已经有几个同学懂得用排比句去展开思路、组织文章了，希望大家能向他们学习。

师：现在回到第7～14段，找出实现梦想的斗争方式、策略及态度。（停顿）从历史的角度看，斗争一般有哪些方式？我们找个历史学得较好的同学来回答。

生：有武装斗争和非暴力斗争。

师：好，那么马丁所主张的方式是什么？出现在哪一段？

生：非暴力方式，第7段。

随堂点评

用教材实例帮助学生进行概括总结，并以班上学生作文为例，帮助学生加深理解。适时鼓励学生，俘获学生的心。

一问一答或者一问多答，提问面广，注重点面结合。

课堂实录	随堂点评
师：请坐，很好。那么斗争策略是怎样的？想想看，是否单独作战？你们可以联系辛亥革命失败的原因。	
生：团结白人，在第8段。	
师：关于态度，你们可以找到关键句……	
生（大声地）："我们绝不会满足！"	
师（笑）：大家都不会轻易满足！"不满足"说明什么？	
师、生（齐）：坚决、彻底、不退缩！	
师：打分！	
（生按给分点打分）	
师：大家迅速阅读第17～23段，找出作者的梦想，这部分有个概括性的语句，其实也是人类共有的梦想。	
生（齐答）：人人生而平等。	
师："梦想"的具体内容，大家可以抓住什么关键语句？	
生："奴隶的儿子和奴隶主的儿子共坐""自由和正义""不以肤色评价""黑人与白人情同骨肉"。	
（师插播幻灯片，出示答案，生打分）	
① 让黑人享受政治平等权。	
② 拥有正义和自由。	
③ 消除种族歧视和隔离。	
④ 黑人和白人和睦相处。	
师：现在大家拿出练习本，任选课文的一组排比句或自选某种语义关系仿写排比句。	学以致用，让学生把知识转化为能力。
（生写，师巡视，5分钟左右）	
师：有些同学已写出来了，哪些同学想读读自己的作品？	
生：因为有对光明的强烈追求，所以飞蛾奋不顾身地扑向烛火；因为有对未来的无限向往，所以蝴蝶义无反顾地冲破蛹茧；因为有对希望的执着信念，所以苍鹰气势雄浑地迎击长空。	
师：采用了"因为……所以……"的因果式排比，中心内容扣住理想与追求来写，好不好？	
生（鼓掌，齐答）：好！	

课堂实录	随堂点评
生：如果人类世界仍然没有希望的存在，潘多拉就不会停止内疚的哭泣；如果人类世界仍然没有光明的存在，普罗米修斯就不会停止盗火的企图；如果人类世界仍然没有信念的存在，西西弗斯就不会停止搬石的奋斗。（该生一读完，全体学生及听课老师都鼓起掌来） 师（大受鼓舞）：素材积累丰厚啊，把神话故事都搬进去了，不错不错！（有些听课老师仍意犹未尽地互相交流） …… 师（总结）：看来经过一段时间的训练，大家都能写出比较漂亮的排比句了，希望以后在你们的作文中经常见到。当然，整句齐整漂亮，通篇采用又显呆板，要注意整散结合……（铃响，师遗憾地）下课了，咱们照常不拖课，下课！	学生的表现也很出彩。

【听课教师评价】

胡老师：刘老师既很好地把握住了新的课程标准，也扣住了考纲，这节课是成功的。

索老师：这节课给人感觉就是授课老师收放自如，很善于引导学生回答问题，而且很有实战性，另外，学生的表现也很出色。

冯老师：师生配合很好，形式多样。既注重学生口头能力的培养，又注重书面表达能力的训练。

陈老师：课程安排得很紧凑，能抓住重点。但内容太多，学生可能有疲倦的感觉，我觉得基础差的同学肯定消化不了。

【教后记】

这篇课文原计划用两个课时完成，其中仿写排比句这一环节本打算让学生作为家庭作业，完成后再上交检查。结果讲完练习后我趁巡视时看了教室的挂钟，发现离下课还有十来分钟，就增加了这一环节。本打算让学生写到下课为止，结果发现有些基础好的同学很早就写好了，故而又增加了当堂展示作业这一环节。但由于紧张，原计划总结演讲词特点和推荐闻一多《最后一次讲演》这一环节没有完成。

这节课诚如陈老师所说确实内容较多，但由于在第一课时和课后让学生做了充分的预习工作，因此第二课时上公开课时取得了意想不到的良好效果。我从带高一开始就有意识地培养学生自学的习惯和训练学生仿写句子、整合信息等能力，所以教学过程中，无论是讨论还是做练习，学生都表现出较好的语文素养。这不但让授课老师吃惊，也让听课老师赞赏不已。

相信学生，学生会创造奇迹！

闻其言知其人

——"学会语言描写"课堂教学实录品评

陆丰市龙山中学　柯泽华

上课时间：2019年12月12日

上课地点：海丰县梅陇中学

上课对象：八年级（2）班48人

授课教师：胡国辉（陆丰市甲子镇第一中学）

听课教师：广东省中小学柯泽华名教师工作室全体成员、梅陇中学初中部语文组教师

课堂实录	随堂点评
教学活动一：音频导入 师：请听第一段音频。大家在这段音频中听到了什么？ 生1：哭声。 师：什么人的哭声？ 生1：四五岁小孩子伤心的哭声。 师：回答具体。下面请听第二段音频。大家又听到了什么？ 生2：小孩子开心的笑声。 师：这位同学能够在前一位同学的基础上优化自己的答案，很好！下面大家请听第三段音频。大家又听到了什么？ 生3：一群人的笑声。 师：请注意描述这群人的身份。	音频导入，以学生熟知的哭声和笑声作为切入点，贴近生活，激起学生学习的热情，切题有效。

课堂实录

生4：观众们开怀大笑。

师：这个答案比刚才全面多了。同学们，刚才我们通过听三段音频，从中判断出小孩子的哭声、笑声和观众们的开怀大笑。这里的哭声、笑声都是人类语言的一种表现形式，通过声音我们能判断出对象的年龄和身份，这就是我们今天学习的内容"闻其言知其人"。

（板书课题：闻其言知其人）

教学活动二：我来思考

师：请大家看PPT，思考相关问题。

1. 以下片段的B组句子主要采用了哪种描写方法？

2. 比较一下，B组句子运用这种描写方法后对表现人物性格或揭示文章中心有何好处？

（出示PPT）

第一组：

A. 孙侦探敲诈祥子，并且威胁他。

B. "动手没你的，我先告诉你，外边还有一大帮人呢！快着，拿钱！我看面子，你别不知好歹！"孙侦探的眼神非常的难看了。

（学生自主思考，合作探究，把答案写在笔记本上）

师：我看到好多同学已经把答案写在笔记本了，下面请同学们共同来探讨这个问题，谁先来回答？

生5：B组句子运用了语言描写。

师：很好！请具体分析语言描写在这里的作用。

生5：这里运用语言描写刻画孙侦探威逼祥子的情形，表现他十分狡诈的性格特点。

师：这是名著《骆驼祥子》里的文段，著作中类似这样的语言描写随处可见，同学们课后阅读时注意体会老舍在著作中的这些语言描写，思考作者是如何通过语言描写刻画活生生的人物的。

师：下面请同学比较另一组。

（出示PPT）

随堂点评

教学活动二所选教学内容来源于学生熟知的名著或课本，有利于教学活动的开展。另外，比较教学法的巧妙运用，取得了很好的教学效果。

课堂实录

第二组：

A.老大臣认为这布料很美，他很满意。

B."哎呀，美极了！真是美妙极了！"老大臣一边说，一边从他的眼镜里仔细地看，"多么美的花纹！多么美的色彩！是的，我将要呈报皇上，我对这布料非常满意。"

师：这是大家十分熟悉的文段，来自《皇帝的新装》，大家思考一下，这里的语言描写又有什么样的好处？请大家同样把答案写在笔记本上。

（学生思考讨论，把答案写在笔记本上。教师巡视，适时指导）

师：请写好答案的同学来分享一下。

生6：这里主要是运用了语言描写，刻画了老大臣无中生有、极力夸赞本就不存在的面料，揭示出老大臣说谎的人物形象，同时也揭示出当时社会的一种不良现象——说谎成风。

教师（总结）：运用恰当的语言描写能使文章刻画的人物逼真传神、生动形象，使读者身临其境，闻其声知其人，更好地表现人物性格，揭示文章中心。

师：通过语言描写刻画人物形象，在我们学过的文章中比比皆是，如《背影》中的语言描写虽然寥寥几句，却很好地刻画了父亲的形象。

（出示PPT）

1."事已如此，不必难过，好在天无绝人之路！"

2.我再三劝他不必去；他只说："不要紧，他们去不好！"

第一句话：父亲在祖母逝世、公职交卸的情况下安慰儿子，免得儿子伤心难过，体现了父爱的深沉伟大。

第二句话：体现了父亲对"我"的关心，从"再三"可以看出他的执着，"他们去不好"可以看出父亲对"我"浓浓的爱，虽然他很忙，但他仍然坚持要送"我"去。

教学活动三：何为语言描写？如何进行语言描写

师：既然语言描写对刻画人物和揭示文章中心这么重要，那我们怎样才能掌握语言描写的方法呢？

课堂实录	随堂点评

课堂实录

首先，我们先来明确什么是语言描写。

（出示PPT）

语言描写就是通过对人物对话、独白及语气的描写，表现人物身份、思想、感情和性格的写作方法。

其次，明确如何运用语言描写。

（出示PPT）

人物语言的个性化，必须符合人物独特的身份、地位、年龄、职业、文化教养、场合、情景等，使读者闻其言知其人。

一、身份年龄应联系

师：请同学们朗读下面这段文字，思考人物的年龄特点。

（出示PPT）

小表妹天真又活泼，有时候她会突然冒出一些你意想不到的话来。一次，她一本正经地对外公说："外公，我们全家只有你最开心，你有好多名字：阿爸、外公、老头子、沈常根、老伯伯、爷爷……谁的名字也没你多。"

师：请同学们分析这里人物的年龄特点。

生7：因为小表妹天真又活泼，年龄也小，所以才说出后面的俏皮话，语言描写符合人物的年龄特点。

师：请分析下面两段话，符合说话人的年龄特征和身份吗？

（出示PPT）

1. 八岁的小明对爸爸说："你给我好好听着，下班就回家，不准喝酒打牌……"八岁的小孩会这样说吗？应该是谁说比较合适？

2. 不识字的农民李大伯说："今天的菜真咸，氯化钠（食盐的化学名称）放得太多了。"符合说话人的身份吗？作为李大伯，该怎么说？

师：先请一位同学来模仿第一段话说话人的口吻，同学们听听符合说话人的年龄吗？

生8模仿八岁的小明的口吻说话。

随堂点评

这里所设置的都是学生熟悉的场景，有利于开发学生的想象力。通过朗读典型片段，分析人物年龄特点，充分调动学生的各个感官，让学生去读、去说、去交流、去写，发挥学生的主体性，让学生成为课堂的主人。

此环节所举例子典型，如"氯化钠"与"食盐"的比较。教师善于引导学生学习思路，"引"在知识点，"导"在关键处，"点"在情境里，"拨"在疑难

课堂实录	随堂点评

课堂实录

师：同学们听一下，这样的话像是八岁小孩说的吗？应该是谁说的？

生8：不像，像小明妈妈说的。

师：很好，当然也有可能是小明爷爷奶奶说的。总之，应该是长辈说的才符合。同学们再思考一下第二段话符合农民李大伯说的话吗？哪位同学谈谈？

生9：不符合，氯化钠属于专业术语，作为农民的李大伯，说不出这个话，符合他农民身份的说法应该是"盐"，不是"氯化钠"。

师：很好！

二、场合情景应融入

师：语言描写除了要注意年龄和身份之外，还要注意人物讲话的环境。下面，老师给大家设置特定的情境，大家思考此时说话人会怎样说话，把答案写在笔记本上。

（出示PPT）

牛刀小试：小明的语文课本不见了。

1. 课堂上语文课本不见了：

2. 下课时语文课本不见了：

3. 在家里语文课本不见了：

（学生讨论探究，书写答案，教师巡视）

师：下面请同学回答。

生9：课堂上语文课本不见了，小明小声地说："语文课本怎么不见了，还是下课再找找看吧。"

下课时语文课本不见了，小明大声地问："哪位同学见着我的语文课本了，请拿给我。"

在家里语文课本不见了，小明大声地问："妈妈，您看到我的语文课本了吗？"

师：同学们，评价一下这位同学写得怎么样，说说理由。

生10：写得很好，注意了课堂、下课、家里三个不同的地点和时间，突出了小明因语文课本不见了的不同焦急心理。

师：这位同学分析得很到位，层次感很强，不错！

（出示PPT，示例展示）

随堂点评

中。创设交流环境，为学生提供了思想摩擦与碰撞的环境，促进学生的智慧成长。

这里所设置的都是学生熟悉的场景，有利于开发学生的想象力。

课堂实录

课堂上语文课本不见了，小明小心翼翼地翻着书包，小声嘀咕："语文书，语文书呢，在哪儿呢？"

下课时语文课本不见了，小明着急地翻着抽屉，大声喊道："语文书哪里去了？谁见过我的语文书呀？书！书！"

在家里语文课本不见了，小明大声地叫着："老妈！快来呀！我的语文书飞了！快，帮我找找！"

三、表情动作来辅助

师：同学们，语言描写除了要注意身份和年龄、场合和情景外，还应当注意人物的表情与动作，才能够惟妙惟肖地刻画人物形象。

师：同学们，我们在进行语言描写时，不能够只简单地讲爷爷说、爸爸说、老师说……这样显得太单调了，我们应当加上适当的表情和动作，使人物的形象更加丰满起来。下面给大家一个语段，看看在哪些地方可以添加上表情和动作。

（出示PPT）

玻璃窗被砸坏了，开了一个篮球大的窟窿。班长走了过来，说："谁弄坏的？"董小天说："没看见。"高芳芳说："是董小天踢的。"董小天不承认。

（学生思考讨论，书写答案，教师巡视）

师：下面请大家分享添加后的成果。

生11：玻璃窗被砸坏了，开了一个篮球大的窟窿。班长满脸疑惑地走了过来，说："谁弄坏的？"董小天见纸包不住火，害怕地说："没看见。"高芳芳瞪了一眼董小天说："是董小天踢的。"董小天不承认。

师：这位同学能够根据当时的情景，适当添加了表情和动作，很值得大家学习，不错！

生12：玻璃窗被砸坏了，开了一个篮球大的窟窿。班长听到声响，气冲冲地走了过来，大声说："谁弄坏的？"董小天神色慌张地说："没看见。"说完就要抽腿逃跑。高芳芳指着董小天说："是董小天踢的。"董小天不承认。

"表情动作来辅助"这一教学环节的开展，对学生以后生动形象地刻画人物形象起到示范作用。引导学生敞开心灵，放飞思绪，结合生活体验，让学生有参与课堂、敢于发表自己见解的欲望，又注重训练学生的语言表达能力。

课堂实录

随堂点评

师：同学们的回答都很好，不但加了表情和动作，而且在朗读自己作品的时候感情特别到位，这是非常可贵的。大家的表现十分优秀，老师听完之后都有身临其境的感觉，大家用掌声鼓励一下自己。（全班同学鼓掌）

（出示PPT，示例展示）

玻璃窗被砸坏了，开了一个篮球大的窟窿。班长走了过来，瞪着眼："谁弄坏的？"捣乱鬼董小天斜着眼，冷笑道："鬼才知道，又没有人叫我们一定要看好玻璃窗。"旁边的张小勇朝班长做了个鬼脸，"哈……开了口，好凉快哟！"谁知这一下却惹恼了站在旁边的高芳芳，她大声说道："是董小天，他和张小勇在玩，拿扫把大闹天宫，张小勇推了董小天一把，董小天一火，抢起扫把朝他使劲儿地打去，结果张小勇一躲闪，董小天就打到了玻璃，碎了。"董小天一跺脚："大白天别说梦话！你小心点，不要诬陷好人！"高芳芳理直气壮："我才没瞎说呢，大家都看见的。你凭什么做了坏事，还要贫嘴。"

（全班齐读示例内容）

四、标点符号能增色

师：除了以上三点要注意之外，有时候我们会遇到很难用言语表达的地方，就可以借助标点符号，使说话符合当时的情景，独具人物个性。

师：请看下面的例子，分析一下标点符号在这里的作用。

（出示PPT）

1."我……我……没拿。"小林涨红着脸说。

2.我们对着高山喊：

周总理——

生13：第一句话的省略号反映出说话人的结巴、紧张。第二句话的破折号反映出我们对周总理的深情呼唤，表声音延长。

师：很好！

教师备课能注意到标点符号在语言描写中的作用，足见其细心程度。

课堂实录	随堂点评
师：今天，我们从身份年龄应联系、场合情景应融入、表情动作来辅助、标点符号能增色四个方面学会运用语言描写刻画人物性格特征的方法。希望同学们日后在写作中能够融会贯通，让自己的作文语言描写能够生动形象，笔下的人物能够活灵活现。 **教学活动四：布置作业** 师：请大家根据要求，完成作业。 （出示PPT） 深夜，爸爸出差回家了。请同学们张开想象的翅膀，描写当时可能发生的场景。 要求：运用最少七处的语言描写刻画人物形象，写一篇450字以上的文章。 师：亲爱的同学们，再见！ 生：老师，再见！	作业布置设置相关场景，要求明确，起到巩固本节课所学内容的作用。

【课例品评】

1. 导入新颖、高效

本节课采用哭声、笑声音频导入新课，素材虽然普通，但贴近学生的生活实际，十分有效地吸引了学生上课的注意力，调动了学生上课的积极性。本节课导入的另一个特点是紧贴上课内容，入题快、高效，有"先声夺人"的作用。

2. 比较教学法的巧妙运用

教师为了让学生理解语言描写在刻画人物性格或揭示文章中心的作用，巧妙地运用了比较教学法，通过A、B两个句子的对比分析，学生很直观地感受到B组句子因为采用了语言描写，所以生动形象地刻画了人物性格或揭示文章中心，孰优孰劣，学生了然于心。教学效果自然不言而喻。

3. 善于创设场景，解决教学难点

本节课的教学难点应该是如何让学生学会语言描写。面对这个教学难

点，教师善于把问题还原于生活，创设一个个相关的场景，让学生在场景中思考、寻找答案。解决教学难点的过程中，学生的思维火花在创设的场景中被点燃，迸发出来，互相碰撞，思维集中活跃，答案在生生探究中生成，在教师点拨中更趋完善，在这个过程中，学生的思维品质得到了不断提升，这是本节课的一大亮点。

4. 问题解决层次性强

为了让学生掌握语言描写，教师分四个板块即身份年龄应联系、场合情景应融入、表情动作来辅助、标点符号能增色进行教学，层层推进，方向性强。

总之，本节课避免了以往作文辅导课大讲特讲写作理论知识千篇一律的做法。令人耳目一新的是，教师通过引导学生在一个个场景中思考问题，解决问题，最终把语言描写的四个方法学到手，还提升了学生的思维品质，可谓一课多得。

描写人物神态，外显人物心理

——作文指导课堂教学实录品评

陆丰市龙山中学　柯泽华

上课时间：2019年11月15日

上课地点：陆丰市河东中学

上课对象：七年级（2）班46人

授课教师：游云云（深圳市公明中学）

听课教师：广东省中小学柯泽华名教师工作室全体成员、陆丰市初中语文骨干教师

课堂实录	随堂点评
教学活动一：新课导入 师：同学们，大家好！今天，很高兴能与大家在一起学习和探讨，很期待我们之间有满满的收获。在上正课之前，我想跟大家商量确定学习目标，我们今天要上的是一节作文指导课，大家是想学一点在考场上提高作文分数的招数，还是想学一点能够切切实实提高作文水平的知识呢？ （众）生：想学一点能够切切实实提高作文水平的知识。 师：老师要为你们点赞，因为你们的选择是明智的，考试只不过是我们学习过程的一种检验形式罢了，如果作文水平切实提高了，还怕考试成绩不好吗？ 师：等会儿上课的时候，我需要一位同学进行现场表演，请同学们现在给老师推荐一位我们班最有表演天赋的同学，好吗？	导入语亲切和蔼，这对异地借班上课起到了拉近师生距离的作用。

课堂实录	随堂点评
（全班同学不约而同地推荐了小静同学） **教学活动二：心理情感词语知多少** 师：请同学们列举一下形容心理情感方面的词语。 生1：开心。 生2：忧伤、伤心。 生3：沮丧。 生4：愤怒。 生5：高兴。 生6：忧虑。 …… 师：很好，刚才大家说了好多心理情感方面的词语，如果我们把这些词语进行分类，可以分成哪些类别？ 生7：可以分为积极的和消极的。 师：很好，下面请同学们看PPT，详细了解一下心理情感词语的分类和一些心理情感方面的词语。 （出示PPT） 古代有"喜、怒、忧、思、悲、恐、惊"七情说。 常用的词语有： 快乐、喜悦、愉悦、高兴、激动、自豪； 遗憾、失望、难过、痛惜、惋惜、悲伤、悲哀； 生气、不满、愤怒、厌恶； 悔恨、羞愧、惭愧； 此外，还有敬佩、感激、同情、怜悯等。 师：请同学们大声朗读PPT的内容。 （全班齐读） 师：同学们，老师要告诉大家一个秘密，我发现好多同学在描写人物心理情感时不够生动具体，主要原因是同学们在表达人物的心理情感时，往往直接用上面罗列出来的词语，如我很高兴、我很难过等。这样的表达就不生动不具体，那么要怎样做呢？ **教学活动三：比较语段，揭示奥秘** 师：请同学们比较下列两个语段，你认为哪个语段好？并说明理由。	教师通过举例和分类，初步展示教学的相关内容，切入快。

课堂实录	随堂点评

（出示PPT）

① 看到此情此景，他一下子愤怒起来，他真的很愤怒，那愤怒的样子让人害怕。

② 看到此情此景，他那古铜色的脸，"唰"地变紫、变青，脸上的肌肉也在抽搐，脖子上的青筋暴得老高。

师：下面请女生读第一段话，男生读第二段话。

（全班女生读第一段话，男生读第二段话）

师：同学们比较一下，这两个语段，哪个写得好，说说理由。

生7：第二个语段写得好，字数较多。

（全班同学笑）

师：大家请不要笑，字数是比较直观的体现，深圳中考作文字数的要求就是850字，我们这边也要500～600字吧！

生8：第一个语段虽然说了三次愤怒，但究竟怎样愤怒，读者感受不出来。第二个语段虽然没有用愤怒这个词语，却处处让人感觉到了愤怒，所以我觉得第二个语段好。

师：这位同学很仔细，推理能力也很强，已经说出了老师所要讲的秘诀：外显心理。外显心理就是把一种心理通过某种写作方法表现出来，让读者能够清晰地再现画面。

（板书：外显心理）

教学活动四：描写人物神态，外显人物心理

师：请刚才擅长表演的小静同学上台来模仿图片中人物的神态。

（小静同学搬凳子坐着模仿图中人物的神态）

师：我发现小静同学跟图片中的女孩长得还挺像，相信模仿的神态更像，请大家注意观察，小静同学模仿的神态表现了一种什么心理？

（众）生：忧伤、忧郁。

师：下面请同学们拿起手中的笔描写小静同学这种忧伤、忧郁的神态，要求不能出现类似忧伤、忧郁这样的词语，不要出现"她好忧伤啊""她好忧郁啊"这样的句子。请大家开始动脑动笔进行描写。

（学生写作，教师巡视）

以学生为模特，教学手段直观，培养了学生的观察能力。

课堂实录	随堂点评

师：下面请同学们来分享你们的写作成果。

生9：她坐在椅子上，一动不动，脸色青白，感觉毫无生机的样子。

生10：她坐在椅子上，望着洁白如玉的墙面，仿佛在思考着什么，表情呆滞。

生11：她一动不动地坐在那里，眼神空洞，嘴角不愿翘起，眉头紧锁，脸色苍白。

生12：她脸上没有一丝笑容，面无表情，感觉此刻她心情很糟糕。

生13：她的脸上没有一点喜悦之情，望着夕阳，脸上流露出一种悲伤的神色。

师：从刚才同学们回答的情况来看，还有很多地方用词不准确，不能够用文字再现"忧伤"这种心情，有的同学甚至直接出现了"悲伤"这样的词语。看来，距离我们的要求还是有一定的距离，这说明一件简单的事情要做好是很不容易的。好的，下面让老师来帮帮大家。

教学活动五：品句子，明角度

师：请大家品读下列句子，然后思考：这些句子表现了人物的什么心理？从哪些角度来描写人物神态？

（出示PPT）

① 他的脸色早已煞白，两眼呆滞。

② 他的脸羞得像染过秋霜的枫叶。

③ 他的脸像刷了层糨糊般紧绷着。

④ 他涨红了脸，额上的青筋条条绽出。

⑤ 他气得鼓起腮帮子，脸色像是雾霾笼罩的天空，灰蒙蒙、黑沉沉的。

⑥ 他脸上终于浮起笑意，像春风吹化了冰似的，渐渐地由冰硬露出点水汪汪的意思来。

⑦ 他那铁青的脸色，就像顿时解冻的冰河，笑靥像春风中的涟漪，一圈一圈地沿着鼻翼和眼角荡漾起来。

⑧ 两只凹陷的眼眶里盈满了浑黄的泪水，干裂的嘴唇微微翕动。

当学生的学习出现困境时，教师能够及时提供相应的教学材料，帮助学生分析总结方

<table>
<tr><td align="center">课堂实录</td><td align="center">随堂点评</td></tr>
</table>

⑨ 她的两只眼睛变成两弯月牙儿，嘴角上翘成优美的弧线。

⑩ 他脸上蛛网般的皱纹更深了，两道眉毛拧成的疙瘩锁到了一块儿。

师：请同学们观察一下这十个句子分别从哪个角度描写人物？

生14：外貌描写。

生15：神态描写。

师：同学们，我们这里要区分一下外貌描写和神态描写。如果写眼睛、嘴巴、鼻子长的是什么样子的，就是外貌描写。如果是通过这些外貌描写的变化来表现神情或心理，就是神态描写。所以，以上句子都属于神态描写。

师：好的，请同学们思考一下，这些句子是从哪些角度进行神态描写的？提示一下，神态描写可以写哪些部位？怎样进行神态描写？

生16：运用比喻的修辞手法，如第二句。

师：你从中看出描写的对象是男的还是女的，是年轻的还是年纪大的？

生16：因为比喻成染过秋霜的枫叶，应该是男的，年纪比较大。

师：如果比喻成绽开的玫瑰花，是男的还是女的，年轻的还是年纪大的？

生16：是女的，且年轻的。

师：其他同学来回答。

生17：面部。

师：请具体一点，写了面部哪些地方？

生17：脸色、眉毛、眼睛。

师：还有吗？

生18：腮帮子。

师：腮帮子一般写什么神态？

生18：生气。

师：还可以写哪些部位？

法，真正做到了"不愤不启，不悱不发"。

生19：嘴唇、嘴角。

师：写嘴唇是哪一句？

生19：第8句，写的是悲伤的神态。

师：对的，这是一种想要压制又没压制住的悲伤。来，同学们继续分享。

生20：还有眼角、皱纹、鼻翼。

师：很好，下面请同学们再思考一下，这些部位哪些是写得比较多的。

（众）生：脸色、眼睛、嘴角。

师：很好，脸色是面部表情体现的重要地方，眼睛是心灵的窗户，嘴角的描写也能表现人物的心理活动。当然，在语言上，第一位回答的同学刚才也说了，要善于运用比喻。

（板书）

脸色　皱纹
眉毛　额头
眼睛　眼眶　眼角
面部　鼻翼
腮帮子　嘴角　嘴唇
修辞（比喻）
从上到下的顺序　从整体（脸色）到局部

师：请同学们朗读上面的十个句子，体会这些句子是如何进行神态描写的。

（全班齐读句子）

师：下面请小静同学再次带上你的小板凳，面向同学做出悲伤的表情，同学们再用2分钟时间，运用上面十个句子的方法对小静同学进行神态描写。

（学生写作，教师适时点拨）

师：下面请同学们再次分享你们的成果，哪位同学来分享？

生21：她的脸上没有一丝表情，眼睛没有丝毫光彩，似乎下一秒就有泪珠滑落。

课堂实录

师：观察挺细致，描写了脸色和眼睛。请下一位同学来分享。

生22：微微抖动的嘴唇，好像想说又没说出满肚子的委屈。

师：好的，描写了嘴唇。其他同学继续分享。

生23：她的脸色暗淡无光，睫毛低垂，遮住了原本亮晶晶的眼睛。

师：这位同学对于脸色的描写用了"暗淡无光"，这比上一位同学的"没有一丝表情"要好得多，睫毛低垂用来表现忧伤的神态也十分恰当。

生24：她呆呆地坐在小板凳上，脸色十分苍白，眼神呆滞，嘴角下垂，毫无生气可言，就像一棵即将枯萎的小草一样。

师：很好，观察到位，还用上了比喻的修辞手法。

生25：老师，我想加工一下上一位同学的作品，就是嘴角下垂，形成一道由上而下的弧线。

师：挺好，这样就更生动了一些。

生26：她的脸色毫无生气，仿佛冰封的河流一般。

师：这个比喻很好。

师：好的，下面我们把刚才回答的几个同学的答案汇总加工一下。

（众）生：她的脸色暗淡无光，仿佛冰封的河流一般；她的睫毛低垂，遮住了原本亮晶晶的眼睛；她的嘴角下垂，形成一道由上而下的弧线；她看起来毫无生气可言，就像一棵即将枯萎的小草一样。

课堂小结

师：同学们，我们这节课学习了通过描写人物神态外显人物心理的方法，同学们整堂课的表现，让老师发现同学们的学习能力很强，这是值得肯定的，希望大家保持发扬下去。同时，老师也发现同学们的语言积累不够，这是写作的硬伤，希望同学们课后能够多多阅读书籍，在阅读的过程中把好的词语和句子摘抄下来，最好是背下来，这样，我们的语言才不会干瘪、没有活力。好的，我们这节课就上到这里，下课，同学们再见！

（众）生：老师再见！

随堂点评

一旦学生掌握了通过描写面部（脸色、眉毛、眼睛、鼻翼、腮帮子）恰当运用修辞的方法，思维随之打开闸门，学习的困难就会被逐个击破，结出累累的学习成果。

课堂小结总结了本节课学习的内容，并根据学生的课堂表现捕捉到写作的不足之处，提出今后努力的方向，简洁有力，发人深省。

【课例品评】

这是一节以"获得写作知识、学习写作方法、体验写作过程"为基本逻辑的成功作文指导典范课。其最大的教学价值在于解决了如何让抽象（人物心理）化为形象（人物神态）这一写作教学难题。反观这节课，整个课堂没有写作理论知识的强行灌输，有的是教师根据学情灵活地激发学生的求知欲望，层层推进，水到渠成，达到令人满意的教学效果。

1. 小

小，主要是讲本节课的教学切入点小。本节课主要是指导学生如何通过描写人物神态外显人物心理，教学切入点虽小，却更有效地让学生获得知识、学到方法，提高写作水平。这就是说，给教师一个教学支点，就能够有效地撬起整个课堂。这也有力地说明了教什么比怎样教更重要的教学原理。

2. 实

课堂教学最大的价值莫过于实实在在地传授知识，学生在这个过程中掌握知识并运用知识，这是最难能可贵的。回头再看这堂课，其教学价值也集中在这一点上。首先，教学内容的选择是学生所需要的，避免了大和空的写作理论知识的一味灌输。其次，教师能够灵活地根据学生的学情做出有效的教学调整，取得有的放矢的教学效果。如学生将外貌描写和神态描写混淆时，教师马上做出反应，用简洁明了的语言解释得一清二楚；当学生对人物神态描写有困难时，教师举出十个神态描写的句子让学生理解其中的妙处并模仿写作，教学做到了有"法"可依。最后，教师舍得花时间，让学生在反复的写作训练中体验摸索，逐步掌握通过描写人物神态外显人物心理的写作方法。课堂教学舍得花时间让学生训练，这是非常难得的做法，学生在这当中获得写作知识、学习写作方法、体验写作过程，知识得到巩固，写作水平切切实实得到了提升，这是本节课最大的价值所在。

3. 活

活是本节课的一大特点。在本节课中，教师采用了学生当写作模特这一直观的教学方法，起到了适当降低教学难度和激发学生写作兴趣的作用。除了这一点，教师还灵活地根据不同学生的回答，整理归纳出合理的答案，有效地让学生体验到写作的条理性和生动性。

总之，一节成功的写作指导课应当融知识性、情境性、技巧性为一体，做到让学生在体验写作的过程中掌握知识，体验获得知识的成就感，从而最大限度地激发学生的写作兴趣。

留意生活，记录生活

——作文指导课例品评

陆丰市甲子镇第一中学　胡国辉

一、案例背景

在初中语文教学中，最令人苦恼的莫过于作文教学。刚升上初中七年级的学生，思维活跃，喜欢探究，尤其是对新事物的好奇心比较重，大多数学生敢于发言，课堂上表现积极，愿与同学积极合作、共同学习。但是也存在情绪不稳定、缺乏耐心等问题。他们的生活经验有限，理解问题、分析问题不够深刻，语言表达不够准确，特别是情感体验不足。单元写作要求是：结合自己的生活经验和情感体验，体会课文所表达的丰富多样的情感和从生活中学习写作。教育家叶圣陶先生说过："作文这件事离不开生活，生活充实到什么程度，才会做成什么文字。""生活犹如泉源，文章犹如溪流，泉源丰盈，溪流自然活泼泼地昼夜不息。"他的话深刻地揭示了作文和生活的密切联系。正因为这样，我在"留意生活，记录生活"这节作文辅导课上试图打通作文与生活的关节，培养学生留意生活、记录生活的良好习惯。希望通过具体的训练提高学生的观察能力和语言表达能力，尝试站在他人的角度体验情感，抒写情感。

二、案例描述

作文课一开始，我用法国著名雕塑家罗丹的话"世界上并不缺少美，而是缺少发现美的眼睛"引入，强调了我们要留意生活，发现生活的美，并带领学生一起欣赏文段。

师：这内容，大家熟悉吗？

生：熟悉，我们学过的，这是朱自清的《春》。

生：这是其中的"春风图"。

师：大家读完之后觉得好在哪里？

生：好在运用了比喻的修辞手法。

生：词语用得好。

生：观察特别仔细。

师：对，都讲得好！现在，也请大家仔细观察。（学生活跃了起来）

师：刚才老师做了一个什么动作？你们看到了什么？

生：老师把硬币扔到了桌子上。

师（提示）：是扔吗？

生：老师突然松开手，是从手里掉下来的。

生：硬币从手中滑落下来。

师：嗯！不错，说得很准确！

师：老师再表演一次，看仔细了。（教师表演，有的学生站起来看）

师：还有什么吗？

生：硬币掉到桌上，在桌子上转起圈来。

生：硬币"啪"的一声掉到桌上，在桌子上"嗡嗡"地转着。

生：硬币画了一个弧线，在桌子上旋转了一会儿，慢慢地躺了下去。

（学生鼓掌）

师：有同学写到了声音，真棒！这是你看到的吗？

生：是听到的。

师：还有同学用了"躺"这个字，很形象嘛！

师：许多人以为"观察"只是用眼睛看，其实，耳朵、鼻子、舌头、手都可以帮助你观察，可以让你对事物的观察更具体、更立体。

生：（又有举手的）老师面带微笑地走到桌子跟前，慢慢抬起手，只听"啪"的一声，一枚硬币落在桌子上。

师：你还注意到了老师的神情，哈哈，很好！

师：说了这么多，大家的描述有拿硬币的动作，硬币发出的声音，硬币下落时的情态，老师的表情，恰当运用了修辞手法。由此可见，我们要成功地记录生活，首先要——调动感官，认真观察。

师：现在继续观察，请看视频。提示一下：注意细节，体会剧中人物的情感。看完之后，把这一电视剧片段用文字表现出来，让大家读了你的文字，仿佛看到了这部电视剧。

（学生看视频写作，教师巡视，个别指导）

师：可以了吗？哪位同学来说说？

生：小龙提着鞋袋，脸上写满了茫然。他轻轻地来到爸爸的房间，在门口，又看见了那熟悉的背影。

师：对，熟悉的背影，我们也经常见到这样的背影。

生：爸爸弓着腰，左手扶着桌角，右手拿着抹布，来回擦洗着桌子……好久，爸爸才发现小龙的到来。

师：观察得很仔细，写了动作！

生：爸爸以为小龙是来向他要钱的，不解又心疼地说："钱花完了。"伸手就从裤兜里掏出钱来："别看它这么厚，里面全是零钱！"沉默了好久，才从小龙嘴里蹦出一个字："爸！"

生：小龙两眼直直地看着父亲，喉头哽住了，眼泪差点流了出来。他双手轻轻地按在爸爸的肩膀上，说："给您买了双鞋。来，您坐下。"并给爸爸换了鞋。

师：写得好！注意到了两人之间的交流方式，"沉默了好久"，让我们感觉到电视剧的长度，身临其境。

生：房永福非常意外，心里想：这是怎样啦，太阳从西边出来了，儿子啊儿子，你真的长大了吗？嘴上责怪儿子瞎花钱，心里却乐开了花。房永福深情地看着儿子，心里满满的幸福。

师：这段文字描摹了爸爸的内心世界，很好。

……

（精彩仍在继续）

三、课例分析

1. 引领学生关注生活

我们的学生，有不少人没有留意日常生活，未能发现生活的意义，未能发现生活中有价值的材料，以至于作文浅白、乏力、空洞无物。平时作文时学生提着笔抓耳挠腮、苦思冥想。语文课程标准中明确指出："写作教学应贴近学生实际，让学生易于动笔、乐于表达，应引导学生关注现实，热爱生活，表达真情实感。"没有了生活，就没有了作文，这样说一点也不为过。有的学生，一说写作，就有了恐惧感，那是因为他们连要写什么都不清楚，即使知道一些写作方法也没有用。没有了原材料，就写不出产品，更别说好产品。

所以，这节作文课，我从熟悉的教材《春》选择了一个文段，又以一个当堂演示的动作，来引导学生留意生活，记录生活。爱因斯坦说："兴趣和爱好是最大的动力。"确实，兴趣是探究某种事物或进行某项活动的一种带有情绪色彩的心理意识倾向，也是推动学生积极思维的一种内在力量。事实证明，课堂上，学生的兴趣被点燃了。他们回答问题虽然有时七嘴八舌，但是已经不影响思潮涌动的力量。他们的智慧，他们的表达能力超乎我们的想象。在这个过程中，教师只是为他们搭桥引线，疏浚渠道。应该说，这就是学生的兴奋剂。

2. 着力培养学生细致的观察能力

学生有了兴趣，催生写作动力，学生进入习作训练的最佳状态，成为习作的"主人"。但是，这远远不够，作文教学还必须着力培养学生细致的观察能力。

观察是一切思维活动的基础，有了观察，才有鲜活的写作素材；有了观察，才能写出自己对生活的独特感受，这也是最接地气的。培养学生的观察能力，我选择通过具体的训练来实现。课堂上抛硬币的动作演示了两遍，告诉学生什么是观察，如何进行观察，并及时调整学生的观察角度。这样，学生的写作中就有了硬币"躺"了下来，硬币有了生命，这一点我很欣慰。这节课第三个活动看视频，也是着力培养学生的观察能力。当然，观察能力培养不是一朝一夕的事，还需要教师不断设计训练活动，积极引导学生，最终让学生能够养成良好的观察习惯。

3. 情感体验有助于写作

新课堂教学一定要秉承新课程理念中一切以发展为本的精神，一切以学生为本的理念。学生的写作来源于生活，又高于生活。那些充满心灵感动的文字，总是让我们爱不释手。因此，我们有必要设计教学环节，让学生体验情感。本节课，我选取了电视剧《幸福一家人》中房小龙给父亲送鞋这个片段，目的是让学生在欣赏的过程中产生联想，获得类似的情感体验，为后面的写作做好准备。视频是活动的画面，人物、情节、思想都是通过画面来实现的，特别逼真，对学生有很强的冲击力。这就是学生的兴奋剂，学生在不知不觉中与剧中的人物有了交流，逐渐产生情感上的共鸣。更重要的是，学生能够身临其境地去思考，感同身受地去理解，不堆叠，不编造。

总之，教学的所有任务就是促进学生的发展。虽然在写作的过程中，部分学生仍有困难，或许还需要更长时间的训练，采用更好的方式去帮助他们，但是，只要教师在生活中挑点学生的兴奋剂，一定会在学生心中激起朵朵浪花，学生才能逐步养成留意生活、记录生活的良好习惯。

深度阅读，分享体悟

——《水浒传》阅读成果展示课堂教学实录品评

陆丰市龙山中学　柯泽华

上课时间：2019年12月12日

上课地点：海丰县梅陇中学

上课对象：九年级（1）班50人

授课教师：黎若溪（海丰县梅陇中学）

听课教师：广东省中小学柯泽华名教师工作室全体成员、海丰县梅陇中学初中部语文组教师

课堂实录	随堂点评
教学活动一：展示阅读笔记 师：《水浒传》这部大块头的名著，我们花两个多月的时间进行了整本书阅读，大家都有了自己的阅读体验和阅读收获。下面，我们用多媒体展示同学们的读书笔记，展现同学们阅读《水浒传》认真投入的态度。 （教师用PPT展示部分同学的读书笔记） 师：同学们，你们在阅读的过程中，认真做了读书笔记，这个读书习惯非常好。所谓"不动笔墨不读书，好记性不如烂笔头"说的就是这个道理，希望同学们能够一直保持这个好习惯，读更多的书。	PPT展示学生的读书笔记，是对学生阅读态度的直接肯定，给予了学生阅读名著的成就感，这对激发学生阅读名著的兴趣起到十分重要的作用。

教学活动二：竞猜水浒人物

1. 个人竞猜

教师用PPT展示四幅水浒人物的图片，"猜猜图中人物是谁？"

生1：第一幅是鲁智深，第二幅是杨志。

师：你是如何猜到的？

生1：第一幅从人物"光头"的外貌特征和手拿禅杖的兵器特征猜出来的。第二幅是从"青面痣"的外貌特征和"杨志卖刀"这一场景猜出来的。

师：这位同学猜的依据十分充分，回答正确。下面请另一位同学说说第三幅和第四幅的人物分别又是谁？并且说明依据。

生2：第三幅是武松，从人物手拿棍棒和人物旁边躺着的老虎可以猜出。第四幅是李逵，从人物的黑脸、怒睁双眼的外貌特征和手拿两把大斧头的兵器特征可以猜出。

师：好的，刚才两位同学观察得很仔细，都从人物的外貌特征和兵器特征猜出了图中的人物，证明同学们阅读《水浒传》的过程十分仔细。

2. 小组竞猜

师：下面请小组派代表描述书中某个人物，然后其他小组竞猜人物。大家可以采用图片、讲述人物相关情节、猜谜语等形式描述人物，看谁能根据提供的线索猜出相关人物，并说出小说中与他有关的故事情节。看看谁最棒！

小组1代表（在黑板上张贴出自制的人物画像）：这是谁？

生3（其他组）：花荣。

小组1：不对。

生4（其他组）：宋江。

师：同学们，这是个女的，那么《水浒传》中像男人性格的女性人物有哪些？

生5（其他组）：孙二娘，绰号"母夜叉"。从图片中可以看出人物不但满脸杀气，而且擦了一脸厚厚的胭脂，衣裳上面一色的金钮，故判定为孙二娘。

课堂实录

师：对了，能说说相关的故事情节吗?

生5：孙二娘与丈夫张青在十字坡开黑店，专干杀人越货的勾当，武松路过十字坡，差点着了孙二娘的道，不打不相识，双方结为好友。后来夫妻受邀上二龙山担任头领，再后来归顺梁山，主持西山酒店业务，专门负责打探消息。

师：讲得很详细，说明这位同学读书很仔细。

小组2代表：我这里让同学们根据我讲述的故事情节，猜猜故事情节里的两个人物分别是谁。A一生仕途坎坷。一次他来到东京，想谋个职位，因高俅从中作梗，未能如愿，又因身上盘缠用尽，便到街上忍痛卖掉祖上留下的宝刀。可是却偏偏惹上破落户B，万般刁难，要求拿刀剁铜钱，剁头发，剁人，A说剁狗，B不同意，A大怒，与B大打出手，失手杀了B，惹下了事，入了狱，刀也被没收入库。

生6（其他组）：人物A是杨志，人物B是牛二。

师：正确，这里有一个关键的情节，就是杨志卖刀。下面哪个小组来?

小组3代表：我们这一组采用的是猜谜语的形式，请大家根据谜语猜出人物的名字或绰号。第一个是"古往今来"，第二个是"给爷爷让座"，第三个是"黑子处处受制"，第四个是"卖姜不要钱"，第五个是"久旱逢甘露"（猜绰号），第六个是"再三让贤"，第七个是"单刀赴会"，第八个是"愚公移山谋非浅"。

师：还挺多的，那我们一个一个来，一个谜语让一位同学来猜。

生7（其他组）：第一个是史进。

生8（其他组）：第二个是孙立。

生9（其他组）：第三个是白胜。

生10（其他组）：第四个是宋江。

生11（其他组）：第五个是及时雨。

生12（其他组）：第六个是陆谦。

生13（其他组）：第七个是关胜。

生14（其他组）：第八个是鲁智深。

随堂点评

教学活动二以学生的展示为主，以图片、讲述故事情节、猜谜语等形式竞猜水浒人物，教学手段十分灵活，极大地激发了学生的学习兴趣。

<table>
<tr><td align="center">课堂实录</td><td align="center">随堂点评</td></tr>
</table>

教学活动三：交流阅读心得

师：下面请各小组派代表讲述阅读心得体会，分享阅读收获。

小组4代表：大家好，经过两个多月的阅读，我的收获还是蛮多的，特别是《水浒传》里的人物形象，各个面目不同，性格各异。其中，有一位人物让我印象特别深刻。他疾恶如仇，粗中有细，鲁莽直率，忠肝义胆，是水泊梁山一位响当当的英雄好汉。他曾经打抱不平三拳打死郑屠；他生性豪迈，忍不了佛门的清规戒律，借酒醉大闹五台山；他倒拔垂杨柳威震四方；他在林冲危难之时，凭借一身武艺，大闹野猪林，救了林冲性命。他给我的启示就像《水浒传》的主题曲唱的那样：路见不平一声吼，该出手时就出手，风风火火闯九州。我特别欣赏他这样的侠义精神，同学们，知道这个人物是谁吗？

众（生）：鲁智深。

师：这个小组的同学阅读很细腻，结合相关的故事情节，分析了人物的性格特征，谈了自己的阅读收获，很不错！下面哪个小组的同学继续分享。

小组5代表：同学们好，我与大家分享的是《水浒传》里面的一个故事：黑旋风沂岭杀四虎。这个故事是讲黑旋风李逵在梁山泊安顿下来之后，思母心切，为了让母亲在晚年享享清福，特地回家去接老母亲上梁山。回到家中后，李逵背着双目失明的老母亲奔梁山而去，途中路过沂岭时，李逵放下母亲去接水。回来后，发现老母亲被老虎吃了。李逵气愤之下杀了一窝四只老虎。这个故事给我的启示是：母亲把我们养育成人，我们一定要孝顺母亲，所谓百善孝为先。如果把这种对父母的孝不断地提升层次，那就是忠于国家和忠于人民。如我们汕尾市的黄旭华，核潜艇之父，荣获共和国勋章，他为了国家人民的安全，全身心投入核潜艇的研究中，三十多年未回过家。黄旭华曾说："对国家的忠，就是对父母最大的孝！"我认为，这是一种"为大家舍小家"的奉献精神，值得我们大家学习！

课堂实录

　　师：这位同学的阅读很有深度，既能从《水浒传》的故事情节中做出"孝"的诠释，更能联系我们汕尾名人黄旭华先生的事迹谈出对祖国最大的忠就是对父母最大的孝——"大孝"精神。听完这位同学的阅读体验，老师也深有感触，借此与大家聊聊《水浒传》的几个核心精神。"忠"，是指忠心耿耿。引申出来如《中学生守则》所说的热爱祖国、热爱人民、热爱中国共产党。"义"在《水浒传》中讲得比较多的是侠义，我们现在讲这个"义"，要提升它的档次，是正义、道义，乃至民族大义。"孝"，是对父母的孝，也如刚才张同学所说的对祖国的忠就是对父母最大的孝，没有国哪有家呢？下面请继续分享。

　　小组6代表：我与大家分享的人物是宋江。宋江是《水浒传》里面最重要的人物，"成也宋江，败也宋江"，可见宋江在水泊梁山的地位非同一般。宋江，他出身小吏，有着江湖侠义好汉之称，乐于助人，结识了不少英雄好汉，富有"及时雨"之名。他在义释晁盖、怒杀阎婆惜之后反上梁山，背叛了朝廷。但是，宋江是个忠义之人，摆脱不了"忠义"的束缚，后来在朝廷招安之时，再一次为朝廷出力。他本以为从此可以得到高官厚禄，却盼来一杯毒酒，直到临终，为了"忠义"之名，还毒死了李逵，把李逵的性命一并带走。可以说，梁山泊的崛起和悲剧是跟宋江的性格不无联系的。宋江是一个多重性格、思想激烈冲突的人。

　　师：这位同学比较深刻地分析了宋江复杂的性格，"成也宋江，败也宋江"，他一手把梁山壮大，后来接受朝廷招安，再后来走向了灭亡。

　　教学活动四：合作 · 探究 · 释疑

　　师：下面，我们共同来解决同学们在阅读《水浒传》时收集的问题，问题的解决由其他小组同学帮忙解决。

　　（教师用PPT出示小组之前收集、整理的问题，逐个展示解答）

随堂点评

　　教学活动三的设置与教学活动二相比有了一定的难度，逐渐从表面阅读过渡到深度阅读的层面，问题设置的梯度感很强。

课堂实录

随堂点评

问题1：鲁智深为何被称作花和尚？

生15：是因为鲁智深出家当过和尚，之所以在和尚前加个"花"并非鲁智深花心，是因为鲁智深又吃肉又喝酒，完全不管佛门的清规，而且他的身上还有文身，所以才被称为"花和尚"。鲁智深是个顶天立地的好汉，花和尚这个称号是个雅称。

师：让大家长知识了。

问题2：武松打死老虎之后，为什么拖不动老虎？这样写有什么作用？

生16：表面是武松打死老虎之后，气力耗尽，实际上是反衬武松与老虎之间的打斗十分激烈，表现了武松的英雄气概。

师：这位同学能通过事件分析人物的形象，准确又不缺深度。

问题3：梁山一百单八将中第一个出场的是谁？他的绰号是什么？

师：这是阅读时的细节问题，只怕有些同学没有注意到类似这样的问题，哪位同学来回答？

生17：是史进，在108将中排名第23位，绰号"九纹龙"。

师：很好，下面看第四个问题。

问题4：《水浒传》中三位女将分别是谁？绰号是什么？

师：这个还是属于阅读的细节问题，哪位同学回答？

生18：第一位是扈三娘，绰号"一丈青"；第二位是孙二娘，绰号"母夜叉"；第三位是顾大嫂，绰号"母大虫"。

师：我们一起看最后一个问题。

问题5：请写出《水浒传》中身怀绝技的人物名字及绰号，简单说出其擅长的绝技。

生19：鼓上蚤时迁，擅偷；小李广花荣，擅射箭；神行太保戴宗，擅神行之术。

生20：还有没羽箭张清，擅以石子为暗器伤人。

师：回答得很好。

教学活动四"合作·探究·释疑"这一教学环节的设置，很好地弥补了学生阅读过程中存在的不足，体现了阅读除自主之外，还应该合作探究的阅读理念，学生与学生之间起到了互相补充的作用，开阔了阅读的视界。

课堂实录	随堂点评

教学活动五：中考链接——《水浒传》整本书阅读

师：同学们，这几年对整本书阅读的考查越来越重视，从各地的中考试题来看，不读整本书，仅靠看内容梗概已经很难正确作答了。为了让大家了解中考对整本书阅读的考查形式，老师将2017年、2018年的试题汇编在一起，供同学们参考学习，本节课为《水浒传》的考查内容。

（出示PPT）

【2017年大连卷】

1. 在《明代小说四大奇书》一书中，作者认为宋江"明显是一个软弱不济之人"。你是否认同这一说法？请从《水浒》中概括出两个支持你观点的事件。

【2018年南通卷】

2. 文华中学九（1）班开展"阅读者·走进《水浒传》"专题学习活动。

活动一：合作交流

小文同学在小组内介绍故事情节时说：当宋江等人上山遭到王伦拒绝时，林冲忍无可忍，奋起火并王伦，扶宋江坐了第一把交椅。

你在倾听后，委婉指出小文同学的错误。

活动二：组内辩论

针对林冲这一人物形象，正方观点：林冲是《水浒传》中反抗精神最彻底的人。反方观点：林冲不是反抗精神最彻底的人。你赞同哪方观点？请结合具体情节阐述理由。

师：通过以上的题目，我们可以判断，如果没有深入阅读整本书，要想做好上面的题目，几乎是不可能的。这就告诉我们，在名著阅读时不但要读得细，还要读得深，要有自己的思考。

课堂小结

师：这节课我们主要学习分析了《水浒传》的人物形象，分享了阅读的收获。经过这一段时间的训练，同学们初步学会了合作、释疑，提高了自主解决问题的能力。

教学活动五中考试题的链接，表面上是让学生提前了解中考名著阅读的命题方向，更重要的是提醒学生应该养成深入阅读整本书的良好习惯，为终身发展奠定基础。

课堂实录	随堂点评
值得注意的是，《水浒传》里宣传的"替天行道、除暴安良"，以暴制暴、以暴抗暴的暴力思想是不值得提倡的。对于书中宣扬的思想，我们应该懂得去糟粕存精华，我们生活在新时代，应提倡并践行社会主义核心价值观，营造和谐的生活环境。 好了，不知不觉中45分钟就过去了，同学们，课堂有下课之时，但阅读却无终点，期待同学们分享下一部名著的阅读体会。同学们再见。 全班起立：老师再见。	

【课例品评】

本节课的教学内容主要是《水浒传》整本书阅读的成果展示。为了检测学生的阅读成果，本节课成功地采用了以学生自我展示为主线、以教师即时点拨为辅线的教学方式。阅读成果呈现的方式丰富多彩，有展示阅读笔记、竞猜水浒人物……课堂始终在自然中生成，学生的阅读成就得到了充分的展现，学生阅读名著的兴趣得到了很好的激发，阅读品质得到了大幅度的提升。具体体现在以下几点。

1. 梯度性的教学活动设计

本节课教学活动由展示阅读笔记→竞猜水浒人物→交流阅读心得→合作·探究·释疑→中考链接——《水浒传》整本书阅读组成。这些教学活动是一个有机整体，步步推进，体现了从表面阅读成果到深度阅读成果的呈现过程，有效地检测了学生的阅读状况。其中的拓展延伸的活动设计，起到了开阔学生阅读视界的作用。

2. 阅读成就感的满足是激发阅读名著兴趣的催化剂

本节课中，学生紧紧围绕教学活动的逐步开展，充分展示出了阅读《水浒传》这部书的收获和感悟。通过展示，学生的阅读成就得到了满足，得到了肯定，这比任何阅读奖励更有用，更能够激发学生阅读名著的兴趣。

3. 自然生成是课堂教学的最好状态

这节课中，参与互动的小组有六个，参与互动的学生有20名，参与教学互动的小组和人数之多，说明了学生参与教学的热情高涨。难能可贵的是，学生在问题的讨论和回答中通过互相启发，思维火花互相碰撞，水到渠成地得出学习成果，这是一种效果绝佳的自然生长课堂，是生生互动、师生互动，学习激情不断燃烧的生成课堂。

巧用卡片小传，展示人物风采

——《红星照耀中国》阅读方法指导课堂教学实录品评

陆丰市龙山中学　柯泽华

上课时间：2019年11月13日

上课地点：陆丰市东海龙潭中学

上课对象：八年级（1）班47人

授课教师：余晓勤（陆丰市东海龙潭中学）

听课教师：广东省中小学柯泽华名教师工作室全体成员、陆丰市东海龙潭中学初中部语文组教师

课堂实录	随堂点评
一、导入新课 （出示PPT） 师：请同学们看上面的图片猜书名。 （众）生：《红星照耀中国》。 **二、走近作者作品** 师：这部书的作者是谁？ 生1：埃德加·斯诺。 师：埃德加·斯诺帅吗？（PPT出示作者图片） （众）生：帅！ 师：你们说的帅指的是外表吧，老师认为埃德加·斯诺也很"帅"。因为他是第一个进入我国红色革命根据地进行采访的外国记者，他采访了毛泽东、周恩来、朱德等革命领导人，受邀参加了中华人民共和国的国庆庆典。大家说说这	采用图片引出书名，简单明了，富有创意。

课堂实录

是不是一个"很了不起、很帅"的人！

师：下边请同学们用2分钟的时间浏览作者简介。

（出示PPT）

埃德加·斯诺（Edgar Snow，1905.07.11—1972.02.15）生于美国密苏里州，美国著名记者。他于1928年来华，曾任欧美几家报社驻华记者、通讯员。1933年4月到1935年6月，斯诺同时兼任北平燕京大学新闻系讲师。1936年6月斯诺访问陕甘宁边区，写了大量通讯报道，成为第一个采访红区的西方记者。抗日战争爆发后，又任《每日先驱报》和美国《星期六晚邮报》驻华战地记者。1942年去中亚和苏联前线采访，离开中国。

中华人民共和国成立后，曾三次来华访问，并与毛泽东主席见面。

1972年2月15日因病在瑞士日内瓦逝世。遵照其遗愿，其一部分骨灰葬在中国，地点在北京大学未名湖畔。

师：通过简介的最后一段，我们知道了埃德加·斯诺逝世后，其一部分骨灰葬在中国，地点在北京大学未名湖畔，可见他与中国的感情十分深厚。

师：请同学们阅读课本第64、65、66页，了解《红星照耀中国》的写作背景。

（出示PPT）

1927年4月12日，以蒋介石为首的国民党右派发动了反革命政变，大肆迫害屠杀共产党员、国民党左派和革命群众。与此同时，与中国共产党、红军有关的消息也被严密封锁。正如美国记者埃德加·斯诺所形容的那样，"红军在地球上人口最多的国度的腹地进行着战斗，九年以来一直遭到铜墙铁壁一样严密的新闻封锁而与世隔绝"，苏区和红军的存在成了一个难解的谜。有太多的疑问在斯诺心头盘旋，他很想弄清这样一些问题："中国共产党人究竟是什么样的人？""有什么不可动摇的力量推动他们豁出性命去拥护这种政见呢？""他们的运动的基础是什么？是什么样的希望，什么样的目标，什么样的理想，使他们成为顽强到令人难以置信的战士的呢？""共产党怎样穿衣？怎样吃饭？怎样娱乐？怎样恋爱？怎样工作？"

随堂点评

作者作品的介绍有趣且指向性很强，能够引起学生的阅读兴趣。写作背景的介绍，进一步激发了学生的阅读兴趣。

课堂实录

为了解开这些谜，给萦绕在心头的问题找到答案，1936年，埃德加·斯诺冒着生命危险，穿越重重封锁，深入保安，深入根据地，深入西方媒体眼中的"土匪聚集的地方"，切实了解中国共产党人的生活经历和革命精神。后来，他根据采访和考察得来的第一手资料，写成了《红星照耀中国》（当时为了在国民党统治区出版方便，曾易名为《西行漫记》）。此书一问世便引起轰动，1937年在伦敦首次出版，几个星期内就加印了5次，销售10万册以上。

师：同学们，作为中国21世纪的中学生，我想我们更加有必要深入阅读这部《红星照耀中国》，深入地了解我们伟大的共产党人。

师：《红星照耀中国》是一部纪实作品，课本简单明了地告诉我们，纪实作品就是真实地记录人和事的作品。所以，我们阅读这部作品时，重点在于把握人物的刻画和事件的描述。书很厚，要了解的人和事很多，今天我们从人物刻画这个角度来了解《红星照耀中国》这部书。

三、巧用人物卡片、小传了解人物——周恩来

师：下边，我们先来了解一下我们敬爱的周恩来总理，请同学们翻开《红星照耀中国》这部书的第二章第二部分。

分工阅读任务：

老师左边三组的同学为制作人物卡片小组，老师右边三组的同学为撰写人物小传小组。

制作人物卡片小组的要求：

学会边阅读、边批注，注明外貌描写、动作描写等人物描写的手法，旁批人物的精神品质。这里举个例子：

（出示PPT）

他是瘦个子，中等身材，细小而坚韧的骨骼，又大又深的眼睛富于热情，尽管有长而黑的胡子，外表上仍不脱孩子气。（外貌描写）

随堂点评

这里，教师规定了阅读内容《红星照耀中国》第二章第二部分，指明了解周恩来这一人物的阅读整理手段：人物卡片和人物小传，并对全班同学做了细致分工，体现了教师有条不紊的课堂组织能力。

课堂实录

屋子里很干净，陈设非常简单。土炕上挂的一顶蚊帐，是唯一的奢侈品。炕边摆着两只铁制的文件箱，一张木制的小方台当作办公的桌子。（环境描写，突出周恩来生活节俭朴素）

撰写人物小传小组的要求：

要求按一定的时间顺序，抓关键句缩写人物的生平事迹，不宜抒情和议论，做到客观真实，200字左右。如下面这段话，我们可以这样浓缩。

（出示PPT）

缩写前：

他进天津南开中学读书，后来升入南开大学。南开是美国教会主持的学校，他在那里学习英文并受到了"自由的"教育。他是班里的高材生，领到过三年的奖学金。不久，日本向中国提出了"二十一条"，袁世凯企图恢复帝制，全国爆发起义，产生了民主革命和社会革命的运动，接着是1919年的学生运动。周恩来因为是学生领袖，在天津被捕，监禁一年。和他同时被捕入狱的爱国青年有很多，其中有一个是天津女子师范的学生，思想激进，她现在是他的妻子和同志。

缩写后：

他先后就读于南开中学和南开大学。1919年因领导学生运动在天津被捕入狱。

师：好的，大家明白了阅读要求之后，请大家进行阅读，各自完成任务，在阅读过程中，大家随时可举手求助老师。

（教师巡视，提示不动笔墨不读书，随时做好批注，并随时点拨。给予了足够的阅读和整理时间）

师：好的，下面我们先请制作人物卡片的同学来分享你们的学习成果。

生2：我是从外貌特征、性格特点、人物事迹来制作周恩来的人物卡片的。

（教师投影学生答案，学生口述）

随堂点评

外貌：瘦个子，中等身材，细小而坚韧的骨骼，又大又深的眼睛富于热情，长而黑的胡子，外表上仍不脱孩子气。

性格特点：自信，平易近人，温文尔雅，头脑冷静，细心热情，善于计划。

人物事迹：早年先后在南开中学、南开大学求学，参加学生运动。后来出国留学，回国后与孙中山一起准备发动国民革命，组织工人罢工，组织"广州起义"，转入地下活动等。最后，参加长征，九死一生到达陕北红色新根据地。

师：这位同学的概括能力很强，回答问题很全面。但是，同学们发现了吗？在人物事迹这一板块的内容上，很明显缺了什么内容？

（众）生：时间。

师：对了，请制作人物卡片的同学补充。

生3：1919年因领导学生运动在天津被捕入狱。1924年回国后，担任广州黄埔军校的政治部主任。

生4：还有1931年，进入江西和福建的苏维埃区域。

生5：1925年到1927年，周恩来奉命到上海组织暴动，援助革命军夺取上海。

师：以上几位同学补充得比较到位了，那请问一下制作人物卡片的同学都是从这三个方面制作的吗？有没有同学从其他方面制作的，请与大家分享一下。

生6：我发现书中还有类似"纯粹的知识分子""学者""惊人的文学天才"这些作者对周恩来评价性的语言。

师：这个发现很有价值，其他同学再找找，类似这样的语言还有吗？

生7：还有"绝对忠于思想""始终不屈不挠"。

生8：还有"具有冷静的、合理的和实际的头脑"。

师：很好，下面同学们请看PPT，概括不全的同学自己补充一下。

课堂实录

人物	周恩来
外貌	瘦个子，中等身材，细小而坚韧的骨骼，又大又深的眼睛富于热情，长而黑的胡子，外表上仍不脱孩子气
主要经历	他是一个世家子弟，先后就读于南开中学和南开大学。1919年因领导学生运动在天津被捕入狱。释放后到法国读书，并在巴黎组织中国共产主义小组，成为中国共产党最早的党员之一。1924年回国后，担任广州黄埔军校的政治部主任。北伐开始后，周恩来奉命到上海组织暴动，援助革命军夺取上海。蒋介石"清党"时，曾被捕，后脱离险境。组织"八一起义"和"广州起义"。1931年，进入江西和福建的苏维埃区域。后参加二万五千里长征，到了中国的红色根据地
精神品质	生活节俭，对待国际友人热情诚恳，有革命的乐观主义精神和对革命坚定的信念
作者评价	纯粹的知识分子，学者，惊人的文学天才，著名的革命组织者，耐劳忍苦，谈吐温文，绝对忠于思想，始终不屈不挠，具有冷静的、合理的和实际的头脑

师：下边请撰写人物小传的小组分享你们的学习成果。

（教师投影学生答案，学生口述）

生9：周恩来出生在一个大官僚家庭，1911年卷入社会革命运动中，先后就读于南开中学和南开大学，受到了"开明的"教育。在1919年的学生运动中，周恩来作为学生领袖，遭到逮捕，在天津监牢被关了一年。获释后去了法国，在巴黎帮助组织中国共产党，成了这个组织的创建人。回国后，被任命为黄埔军校秘书，后来又成为黄埔军校的政治部主任。1925年到1927年间，周恩来奉命去上海准备起义，发动了中国现代史上有声有色的一次政变。可是，却遭到了蒋介石的追杀，他先逃到武汉，又到南昌，参加组织著名的"八一起义"，后来他又去了广州，组织著名的广州公社。广州公社失败后，周恩来只得转入地下活动。一直到1931年，他终于"冲破封锁"，到了江西和福建的苏区。他在那里担任红军总司令朱德的政委，后来任革命军事委员会副主席。周恩来在南方进行了多年的艰苦斗争，后来他又身罹重病，九死一生，终于长征到了西北的红色新根据地。

随堂点评

制作人物卡片分类了解周恩来这一人物形象，条理性和操作性极强，十分实用。

课堂实录	随堂点评

师：回答很有条理性。刚才余同学以时间的先后顺序介绍了周恩来的生平事迹。下面请同学们阅读PPT的内容，跟自己撰写的小传对比一下，看看存在哪些问题，删掉和补充一些内容。

人物小传

周恩来，瘦个子，中等身材，细小而坚韧的骨骼，又大又深的眼睛富于热情，长而黑的胡子，外表上仍不脱孩子气。他是一个世家子弟，先后就读于南开中学和南开大学。1919年因领导学生运动在天津被捕入狱。释放后到法国读书，并在巴黎组织中国共产主义小组，成为中国共产党最早的党员之一。1924年回国后，担任广州黄埔军校的政治部主任。北伐开始后，周恩来奉命到上海组织暴动，援助革命军夺取上海。蒋介石"清党"时，曾被捕，后脱离险境。组织"八一起义"和"广州起义"。1931年，进入江西和福建的苏维埃区域。后来参加二万五千里长征，到了中国的红色根据地。

四、学以致用，运用人物卡片和人物小传了解《红星照耀中国》中的其他人物

师：同学们，其实内容不是最重要的。今天，老师让大家为书中的周恩来制作人物卡片和撰写人物小传，不单单为了了解周恩来这个人物形象，而是通过大家刚才所做的一系列事情中，明白在阅读像《红星照耀中国》这样的纪实作品时，我们可以边阅读边做批注、制作人物卡片、撰写人物小传，达到了解毛泽东、朱德、贺龙、徐海东、彭德怀、刘志丹等人物形象的阅读目的。

师：我们班有六个小组，下面请大家各自选出阅读小组长，选定毛泽东、朱德、贺龙、徐海东、彭德怀、刘志丹六个人物中的一个，采用制作人物卡片或撰写人物小传的方式来了解这六个人物形象。

（全班各组同学讨论决定）

第一组：朱德，撰写人物小传；

第二组：彭德怀，撰写人物小传；

（随堂点评）

让学生撰写人物小传，是快速了解人物生平事迹的有效手段。

作业布置，巩固了运用人物卡片、人物小传了解人物这一

课堂实录	随堂点评
第三组：贺龙，撰写人物小传；	阅读方法，针对性强。
第四组：毛泽东，制作人物卡片；	
第五组：徐海东，制作人物卡片；	
第六组：刘志丹，制作人物卡片。	

　　请各组同学于本周末完成各自的任务，下周我们进行收集整理，出版《红星照耀中国》阅读成果展示专栏。

　　师：下课，同学们再见。

　　全班学生：老师再见。

【课例品评】

　　《义务教育语文课程标准（2011年版）》明确规定："学会制订自己的阅读计划，广泛阅读各种类型的读物，课外阅读总量不少于260万字，每学年阅读两三部名著。"这一要求，对于教育落后地区的孩子们来说，难度不小，怎么办？统编版教材总主编温儒敏先生曾说：简要介绍某一本书的基本情况，激发读的兴味，重点放在提示读这一类书的基本方法，即一书一法。但整本书的阅读主要还是学生课外自由的阅读。本节课可以说是贯彻了温儒敏总主编这一教学思想的，是一节比较成功的名著阅读指导课，下面谈谈本节课值得借鉴的地方。

1. 本节课的导入能够激发学生阅读的兴趣

　　教师利用图片成功地引入本节课的内容：《红星照耀中国》。对于作者埃德加·斯诺和作品的介绍比较别致新颖。如斯诺是第一个进入我国红色革命根据地进行采访的外国记者，他采访了毛泽东、周恩来、朱德等革命领导人，受邀参加了中华人民共和国的国庆庆典。斯诺于1972年2月15日因病在瑞士日内瓦逝世，遵照其遗愿，其一部分骨灰葬在中国，地点在北京大学未名湖畔。《红星照耀中国》此书一问世便引起轰动，1937年在伦敦首次出版，几个星期内就加印了5次，销售10万册以上。这些关于作者和作品的介绍都极大地引起了学生阅读的兴趣，有了阅读的兴趣，阅读便成功了一半。可以说，本节课的导入别具一格。

2. 本节课能够授之以"渔"，教给了学生阅读像《红星照耀中国》这类纪实作品的阅读方法

课堂中，教师通过先行示例，教给学生了解人物形象的两种具体方法：制作人物卡片和撰写人物小传。然后，通过分组布置学习任务，随堂点拨，给予充分的学习时间，巩固运用上述的两种方法了解周恩来这一人物形象。学生在实践中学到了阅读纪实作品了解人物形象的方法，即制作人物卡片和撰写人物小传，并从中尝到了阅读的甜头，极大地激发了阅读兴趣。

3. 阅读方法得到了成功的迁移

本节课的作业布置指向性很强，让学生运用课堂上习得的方法去了解诸如毛泽东、朱德、贺龙等人物形象，得到了进一步的巩固和强化训练。

总之，在名著阅读教学中，教师给予学生一定的方法指导是十分必要的，运用得当，可以帮助学生节省阅读时间和提高阅读效率。

紧贴文本，多角度探究人物形象

——《三顾茅庐》课堂教学实录品评

陆丰市龙山中学　柯泽华

上课时间：2019年11月25日

上课地点：陆丰市东海第二中学

上课对象：九年级（2）班45人

授课教师：何彩燕（肇庆市封开县南丰中学）

听课教师：陆丰市初中语文骨干教师

课堂实录	随堂点评
一、新课导入，目标设定 师：同学们好，今天我们一起来学习《三顾茅庐》这个脍炙人口、家喻户晓的故事。首先，请同学们翻开课本第109页的单元阅读提示，朗读第2段内容，提取当中主要的信息点。 师生共同归纳如下： 1. 梳理故事情节； 2. 把握人物形象。 师：我们这节课的教学目标主要是围绕以上两点来设置，希望同学们在学习的过程中，能够主动思考、积极探讨、分享成果。 **二、整体感知，走进文本** 师：同学们，我们先来理解标题"三顾茅庐"的意思，哪位同学来说说？	新课导入开宗明义，简单明晰，目标明确。

课堂实录

生1：三次拜访茅屋。

师：顾是拜访的意思，是对的，但拜访的是茅屋吗？谁来拜访？

生2：拜访的是诸葛亮，刘备拜访。

生3：刘备三次拜访住在茅草屋里的诸葛亮。

师：这位同学理解得很到位，添加了主语和宾语，把题目的意思解释明白了。

师：下面请同学们快速搜读课文，在文章标题前面加上拜访的原因，标题后面加上拜访的结果。自己试着连起来读读，要求语言通顺连贯。

（全班同学快速搜读课文，教师巡视点拨）

师：下面请同学们分享学习成果。

生4：刘备十分仰慕诸葛亮的政治才干，所以三顾茅庐，想请诸葛亮出山辅佐自己完成统一国家的大业。

生5：因为当时刘备集团人才紧缺，经司马德操和徐庶的推荐，十分仰慕诸葛亮的才华，所以诚心三顾茅庐，请诸葛亮出山辅佐自己打拼天下。

师：很好，同学们比较一下这两位同学的答案有什么不同？

生6：第二位同学比第一位同学多了邀请诸葛亮出山的态度，就是诚心。

师：很好，十分细心。

（出示PPT）

刘备非常仰慕诸葛亮的才干，想请他帮助自己完成统一大业，就三次到茅草屋里去拜访。诸葛亮看到刘备很有诚意，于是答应出山并辅佐他。（课文主要内容：原因+课题+目的）

师：刚才同学们讲了，刘备拜访诸葛亮十分有诚意，现在"三顾茅庐"这个词语常用来比喻真心诚意，一再邀请、拜访有专长的贤人。

三、寻词找句，把握形象

师：下面请同学们阅读文章第1段，找找哪个词语表现了刘备拜访诸葛亮时诚心诚意的态度？

生7：拜谒，这个词语的意思是专门拜访的意思，表现了刘备真心诚意的态度。

随堂点评

此举破题入文，为整体把握故事情节起到了张本的作用。

"授人以鱼不如授人以渔"，"原因+课题+目的"这个概括故事情节的方法简单实用。

<table>
<tr><td>课堂实录</td><td>随堂点评</td></tr>
</table>

课堂实录　　　　　　　　　**随堂点评**

师：对的，一般情况下，下级拜访上级用拜谒，还有一种情况就是诚心诚意的拜访，表示对被拜访人的敬意，刘备是属于第二种情况。

师：下面请同学们快速浏览课文，说说刘备的诚心诚意表现在哪里？

（学生快速浏览课文，教师巡视指导）

师：好的，同学们都非常认真，做到了边浏览边勾画。下面请大家来分享学习成果，哪位同学先来回答？

生8：从第1段刘备大声责骂张飞的无礼表现出他的诚心诚意。

师：请说说大声责骂在原文中运用的是哪个词？

生8：是"叱"。

师：对的，"叱"是大声斥责的意思，大家都知道张飞是与刘备、关羽桃园三结义的兄弟，刘备连张飞都不留情面地斥责，可见刘备对诸葛亮的看重程度。

生9：从第2段"离草庐半里之外，玄德便下马步行"这一举动，足见刘备对诸葛亮的敬意。

师：讲得非常好，古代"文官下轿，武官下马"都是以示尊重、以表敬意的意思。这里，刘备在半里之外，即250米开外就下马步行，可见其对诸葛亮的尊重和敬意。

生10：从第2段"玄德拱立阶下"不让童子通报，生怕打扰诸葛亮休息的行为，可见他拜访的诚心诚意。

师：很好，拱立是毕恭毕敬站立，确实表现了刘备诚心诚意、求贤若渴的心理。当时，刘备已经是闻名天下的英雄人物了，连曹操都这样说"今天下英雄，唯使君与操耳"，而诸葛亮当时还是一介草民，两人身份的差距很大。另外，刘备那时已经47岁，诸葛亮27岁，年龄的差距也很大。可是，刘备却没有摆架子，难怪最后感动诸葛亮出山辅佐他，甚至"鞠躬尽瘁，死而后已"。

师：那同学们想想，如果要朗读这几句话，大家觉得应该用什么样的语气来读才准确呢？

（众）生：小声。

师：对的，请大家小声地朗读体会一下玄德这样毕恭毕敬的心理。

（众）生：（小声）玄德曰："既如此，且休通报。"吩咐关、张二人……半晌，先生未醒。

生11：从第2段"张飞大怒，谓云长曰：'这先生如何傲慢！见我哥哥侍立阶下……看他起不起！'"这里可以看出张飞是一个做事鲁莽、急躁、不懂礼节、不计后果的人，反衬出刘备的诚心诚意。

师：很好，这位同学阅读很细心，这里是通过张飞的表现来反衬刘备的诚心诚意。但是，从张飞的鲁莽、急躁、不懂礼节、不计后果，我们又能窥见他对大哥刘备的尊重和义气，怕大哥刘备受委屈，这一点我们在阅读时也是忽略不得的。

师：好的，下边同学们在第3段找找，看看还有哪些词语表现刘备的诚心诚意。

生12：下拜。

生13：曲赐教诲。

生14：谒见。

师：好的，同学们找得非常仔细，下边请同学们再思考一下，刘备打动诸葛亮就仅凭诚心诚意的态度吗，有没有其他的原因？

生15：第3段中有表明，就是刘备有"以天下苍生为念""如苍生何"这样以天下为己任的远大政治抱负。

师：这位同学的思考很有深度，老师很赞同你的看法。最主要的原因就是刘备和诸葛亮有着共同的政治理想。好的，我们把刚才探讨的内容整理出来。

（出示PPT）

诚 ⎰ 斥责张飞（直率、鲁莽、暴躁、不计后果——反衬）⎱ ⎰ 语言
　　⎱ 下马步行　　　　　　　　　　　　　　　　　　⎰ 动作
　　　 阶下恭候　　　　　　　　　　　　　　　　　　　　态度
　　　 下拜谒见

刘备：礼贤下士　求贤若渴　虚心求教　待人宽和有耐心　有政治抱负　仁心爱人

课堂实录

师：下边我们来探讨诸葛亮这个人物形象。请同学们再次浏览课文，回答下面问题：诸葛亮是怎样的一个人，是否真如司马德操和徐元直所说的那样厉害呢？文中有没有具体的描写呢？可以从语言、外貌去寻找答案。

（学生浏览课文、勾画答案，教师巡视）

生16：第3段"玄德见孔明身长八尺……飘飘然有神仙之概"。这里属于外貌描写。

师：找得很准确，你能从这些外貌描写中分析一下诸葛亮的人物形象吗？

生16：可以看出诸葛亮长得气宇轩昂、超凡脱俗、飘然欲仙的人物气质。

生17：俊逸洒脱、玉树临风。

（全班同学微笑）

师：同学们分析得很到位，说明同学们对文字的敏感度很强啊！这同时也给刘备吃了定心丸，刘备心想，这就是我想要的人啊。除了外貌描写之外，有没有关于语言方面的描写呢？

生18："南阳野人，疏懒性成，屡蒙将军枉临，不胜愧赧"表现孔明谦逊的品质。

生19："二公谬举矣。将军奈何舍美玉而求顽石乎"也体现了孔明谦虚的品格。

师：找得很好，但这也看不出孔明如司马德操和徐元直所说的那么厉害啊，从哪里可以看出孔明有过人之处呢？

生20：从孔明分析天下形势这段话可以看出孔明是一个很有智谋的人。

师：很好，旧版的语文课本中有《隆中对》这一篇课文，详细记述了孔明分析天下形势的情形，改版之后，这篇文章没有了，但《三顾茅庐》融入了这一块内容，还是让我们感受到了孔明的智慧形象。好的，下边请大家概括一下诸葛亮的人物形象。

生21：谦虚，雄才大略。

生22：足智多谋，有礼。

随堂点评

对刘备、诸葛亮这两个人物形象的分析，做到了寻词找句，深入文本，从语言、动作、态度、外貌等

课堂实录	随堂点评

生23：才华横溢，高风亮节。

生24：还有心系百姓，仁心爱人的品性。

师：同学们的概括很有深度，证明对文本的理解十分到位。我们整理如下。

（出示PPT）

多角度把握，教学中不断追问、启发思维，课堂自然生成，丝丝入扣。

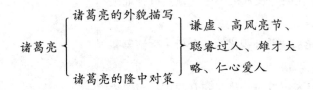

师：那同学们对《隆中对》这一部分内容读懂了吗？提示一下，这段内容实际上就讲了两个人两块地，同学们找找是哪两个人、哪两块地呢？

生25：第一个是曹操。

师：对的，对曹操要采取什么策略？

生25：诚不可以争锋。

生26：第二个是孙权，可以为援不可图也。

师：第二位同学答完整了，哪两块地呢？

生27：第一块地是荆州，可争，作为根据地。所谓刘备借荆州，有借无还。

师：你的知识量真丰富，那第二块地呢？

生28：第二块是益州，可图，作为根据地。

师：两个人、两块地，清楚明了，真做到这样，就如诸葛亮所说的"大业可成，汉室可兴"了。刘备听完了诸葛亮对天下大势的分析之后，有何反应呢？

生29："先生之言，顿开茅塞，使备如拨云雾而睹青天。"

师：很好，听了孔明之言，刘备突然间就明白了。这从写作手法上来说，属于什么写法？

生30：比喻。

师：注意了，这里老师问的是写作手法，不是修辞，不要混淆了。

生31：侧面烘托，说明了孔明的足智多谋、雄才大略。

课堂的时间是有限的，教师能从"两个人""两块地"入手，让学生理解把握隆中对策的内容，高度集中，说明教师对教材内容的研究十分到位，处理能力强。

课堂实录	随堂点评

师：同学们的反应还是挺快的。那听了孔明的建议之后，刘备是不是马上就把这两块地夺过来呢？文中是如何写的，又表现了刘备是一个怎样的人？

生32："但荆州刘表、益州刘璋，皆汉室宗亲，备安忍夺之？"说明了刘备的宅心仁厚。

师：好一个宅心仁厚，分析得很有深度。

四、课堂小结

师：刘备懂得"千军易得，一将难求"的道理。他为了请诸葛亮出山共创大业，三顾茅庐，冒雪前往拜访。在拜访过程中怒斥张飞，下马步行，阶下恭候，对诸葛亮可谓诚心诚意，并对即将出场的诸葛亮进行烘托、渲染，增加了故事的张力和神秘感。通过语言、动作和外貌描写刻画了求贤若渴、礼贤下士的刘备与才华卓越、不出茅庐便知天下大事的诸葛亮，以及直率急躁的张飞都跃然纸上，通过衬托和对比的手法突出了刘备对诸葛亮的渴求与诚意。

五、课后作业

（出示PPT，布置作业）

1. 翻译文中隆中对策部分，即孔明曰："自董卓造逆以来……汉室可兴矣。"

2. 文中刘备说："备当拱听明诲。"后面是否做到了？诸葛亮在隆中所说的对策，他出山辅佐刘备后是否按他所说的去实施？请同学们带着问题阅读《三国演义》。

教师所布置的第一道课后作业，既能弥补课堂的不足，又能夯实学生的文言基础；第二道课后作业，是课堂教学的补充拓展，有效地激发了学生课外阅读原著的兴趣。

【课例品评】

《三顾茅庐》是一篇古代白话文小说，对于故事情节，学生是比较容易读懂的，但对于人物形象的把握，却要通过引导学生反复深入文本，不断探究才能多角度准确把握。本节课的教学，在分析和把握人物这一方面无疑是成功的。

1. 紧贴文本，寻词找句，人物反衬，凸显形象

本节课在各个教学环节中，通过引导学生深入文本寻找类似"拜谒、叱、拱立、下拜、曲赐教诲、谒见"这些表现刘备诚心诚意的词语，揣摩品位，准确把握人物形象。另外，通过引导学生寻找揣摩"离草庐半里之外，玄德便下马步行""既如此，且休通报"这些句子，进一步准确把握刘备诚心诚意邀请诸葛亮出山的态度。再者，通过寻找"张飞大怒，谓云长曰：'这先生如何傲慢！见我哥哥侍立阶下……看他起不起！'"这样的句子进行人物态度的对比，反衬刘备诚心诚意的邀请态度。通过这样深入文本，来回揣摩品味，学生很好地把握了刘备这一礼贤下士、求贤若渴、虚心求教、待人宽和有耐心、有政治抱负、仁心爱人的人物形象。

2. 多角度把握人物形象

本节课在分析诸葛亮这一人物形象时采用了外貌、语言、动作多角度分析的方法，使得诸葛亮谦虚、高风亮节、聪睿过人、雄才大略、仁心爱人的人物形象深深地植入学生的心中。

3. 课后作业布置十分有效

本节课布置的两道课后作业，既弥补了课堂教学不足的地方，又有新的拓展延伸，激发了学生课外阅读名著的兴趣。

君子若莲

——《爱莲说》教学设计

陆丰市龙山中学　柯泽华

教学目标：

1. 反复诵读，积累文言文知识，理解文章大意。

2. 理解作者运用托物言志表达高洁情趣的写作方法。

3. 品读莲花的高洁品格，学习作者品清若莲的君子之风。

教学重难点：

1. 熟读成诵，积累文言文知识。

2. 品析文章的重点语句，理解文中托物言志的写法，体会作者品清若莲的君子之风。

教学过程：

一、巧用诗句，激趣导入

师：同学们，时值夏日，大家都知道此季节开得最旺盛的花非荷花莫属。荷花又称莲花，自古以来就深受画家和诗人的喜爱，常常是他们绘画作诗的题材。同学们知道哪些与莲有关的诗句？请几名同学说出相关的诗句。

"接天莲叶无穷碧，映日荷花别样红。"——杨万里《晓出净慈寺送林子方》

设计说明

让学生说出与莲花的相关诗句，不仅帮助学生复习旧知识，而且激发了学生阅读新文章的兴趣。

"涉江弄秋水，爱此荷花鲜。"——李白《拟古十二首》

"冷碧新秋水，残红半破莲。从来寥落意，不似此池边。"——白居易《龙昌寺荷池》

总结：这些诗句分别抒发了作者对莲的不同感情。而宋代哲学家周敦颐在南康郡做官时，曾率领属下开挖了一块四十余丈宽的池塘（名叫爱莲池）种莲。有一天，他凭栏放目，触景生情，写下了赞美莲花的传世名篇《爱莲说》。

二、反复诵读，初步感知

1. 教师配乐朗读，学生标出停顿，体会感情。

2. 教师利用PPT出示朗读的语调和停顿，全班有感情地朗读课文。

【平直调（→）】水陆/草木之花，可爱者/甚蕃。晋/陶渊明/独爱菊。自/李唐来，世人甚爱/牡丹。【高升调（↗）语速缓慢自信】予/独爱莲之/出淤泥而不染，濯清涟/而不妖，【节奏稍快，带着赞美之情朗读】中通/外直，不蔓/不枝，香远/益清，亭亭/净植，【平直调（→）】可远观/而不可亵玩焉。

【平直调（→）】予/谓菊，花之/隐逸者也；牡丹，花之/富贵者也；莲，花之/君子者也。【低降调（↘）】噫！菊之爱，陶后/鲜有闻。【高升调（↗）】莲之爱，同予者/何人？【低降调（↘）拖长音节读】牡丹/之爱，宜乎/众矣。

3. 小组诵读，男女生分开诵读。

三、疏通文意，积累文言

1. 引导学生借助课文注释，合作翻译，疏通文意。

2. 学生接龙翻译。

3. 引导学生注意从一词多义、词类活用、特殊句式等方面积累文言知识。

① 一词多义

之 { 水陆草木之花（助词，的）

予独爱莲之出淤泥而不染（主谓间，取消句子独立性，不译）

教师配乐朗读，起到示范榜样作用，学生从中模仿教师的朗读技巧，于潜移默化的熏陶中提高朗读水平。

语调和停顿的出示，对学生的朗读起到规范作用，学生在准确把握文章朗读停顿和语调的基础上，通过反复练习朗读，初步感知文章对莲花的赞美之情。

引导学生借助课文注释疏通文意，旨在引导学生摒弃翻译文言文翻找教材全解的不良习惯；接龙翻译之目的在于激活学习氛围；文言知识的总结归纳有利于学生

$$远 \begin{cases} \text{香远益清（动词，远播）} \\ \\ \text{可远观而不可亵玩焉（名词，在远处）} \end{cases}$$

② 词类活用

不蔓不枝（名词作动词，长枝蔓，长枝杈）

香远益清（形容词作动词，远播）

③ 特殊句式

菊之爱（宾语前置，译为"对于菊花的喜爱"）

四、品莲之高洁，学君子之风

1. 莲美人美品自高。

问题1：文中哪些语句直接描写莲花？从哪些角度描写莲花？从中可以看出莲花哪些高尚品格？

小组讨论明确：

"出淤泥而不染，濯清涟而不妖，中通外直，不蔓不枝，香远益清，亭亭净植，可远观而不可亵玩焉。"

从以下几个角度描写莲花，并从中凸显了莲花的品格特点。

① 生长环境

出淤泥而不染——洁身自好

濯清涟而不妖——端庄

② 体态

中通外直，不蔓不枝——正直

③ 香气

香远益清——芳香、美名远播

④ 风度气质

亭亭净植，可远观而不可亵玩——清高、神圣不可侵犯

总结：我们知道了作者之所以爱莲，不仅因为莲花具有美丽的姿态，更是因为莲花具有高洁、端庄、正直、芳香、清高、神圣不可侵犯的高尚品格。那么，我们应该用什么样的感情来朗读这个句子呢？

明确：敬重、赞美之情。

师生用敬重、赞美之情朗读句子。

学习文言文的知识积累及迁移至日后的学习当中。

此教学环节通过主问题设置，逐层引导学生品味文章绘莲美句，品出莲之高洁、端庄、清高等高尚品格，为下一个教学环节张本。

问题2：作者在赞美莲花的同时，实际还在赞美像具有莲花品质的"君子"，这从文中第2自然段的哪句话可以得知？意在说明什么？

明确：直接议论莲的句子是"莲，花之君子者也"。

君子是品德高尚的人。作者把莲花比作君子，由此可见他赞美莲花的根本目的是赞美具有莲花一样高洁、端庄等高尚品德的人。莲美！君子亦美！所谓君子若莲正是如此！

2.正反衬托，君子若莲。

问题：世人一般喜欢的是什么花？陶渊明喜欢什么花？作者喜欢什么花？为什么？

小组讨论明确：

世人甚爱牡丹，牡丹，花之富贵者也。牡丹，是富贵者的形象，所谓"天下熙熙，皆为利来；天下攘攘，皆为利往"，是也！俗也！

晋陶渊明独爱菊；菊，花之隐逸者也。菊，是隐逸者的形象，陶渊明不与世俗同流合污，洁身自好，安贫乐道，是人世间的一股清流！难得！

予独爱莲之出淤泥而不染，濯清涟而不妖，中通外直，不蔓不枝，香远益清，亭亭净植，可远观而不可亵玩焉。莲，花之君子者也。莲，是美的理想化身。作者爱莲"出淤泥而不染"的洁身自好，爱莲"濯清涟而不妖"的端庄……莲身上的高尚品格正是作者心目中君子高尚品格的具体写照，它高洁、自律，操守正道，卓尔不群，可贵！

陶渊明独爱菊——正衬

世人甚爱牡丹——反衬

3."独"字匠心独运，更显君子若莲。

问题："晋陶渊明独爱菊""予独爱莲之出淤泥而不染"两句中都含有"独"字，请同学们讨论其在思想感情上的表达作用。

小姐讨论明确：

这里的"独"是唯一的。陶渊明的"独"和作者的"独"有同工异曲之妙：陶渊明是隐士，世人不如他志趣高洁，所以用"独"；周敦颐生活的时代和陶渊明的时代差不多，所以也用"独"。"独"表明了他们不与世俗同流合污、洁身自好的高尚品格。

于正反衬托之中让学生理解"君子若莲"的高贵品质。

此处通过"独"字的品析，让学生进一步深入理解"君子若莲"的思想感情。

68

作者无论身处环境如何，始终能保持自己的高尚德操，就如莲一般圣洁，所以说，君子若莲。

五、托物言志，君子若莲

1.理解托物言志。

问题：本文与《陋室铭》一样，采用托物言志的写法，本文的"物"指什么？"志"指什么？

小组讨论明确：

"物"指莲，"志"指作者的高尚德操。文章从"出淤泥而不染"起，以浓墨重彩描绘了莲的气度、莲的高风亮节，寄予了作者对理想人格的肯定和追求，也折射出作者鄙弃贪图富贵、追名逐利的世态心理和追求洁身自好的美好情操。在文章结尾，作者一叹真正隐逸的高士极少，二叹品格高尚的君子罕见，三叹贪慕富贵的俗人很多，这使文章更具思想特色。

> 有了前边教学做铺垫，学生理解托物言志的写法并不难。

2.补充材料，让作者周敦颐现身说法，进一步理解君子若莲。

周敦颐（1017—1073），字茂叔，道州营道（今湖南省道县人），北宋哲学家。他毕生注重教育事业，并身体力行，在九江创建濂溪书院。周敦颐是中国理学的开山鼻祖，他的理学思想在中国哲学史上起到了承前启后的作用。但是他生前官位不高，学术地位也不显赫，在他死后，弟子程颢、程颐成名，他的才识才被认可，经过后来朱熹的推崇，学术地位最终确定，被人称为程朱理学的开山鼻祖。

> 这里的材料补充，让作者周敦颐现身说法，不但让学生加深了托物言志的写法，更让学生通过周敦颐的生平感悟君子若莲的人生追求，巧妙完成立德树人的教学任务。

在《爱莲说》中，作者通过对莲花的爱慕与赞美，表明自己对美好理想的憧憬，对高尚情操的推崇，对庸劣世态的憎恶。那么，浸润作者的君子之风，在现时物欲横流的社会中，作为中学生的我们，不应该受到各种不良的影响，应当有自己做人立世的原则，要立志做一个品学兼优的好学生。

六、作业布置

用托物言志的方法造句。

例句：我爱莲花，因为它出淤泥而不染，

恰如清高正直，人格高尚的君子。

> 作业的设计，旨在让学生学以致用，实际的练习更能巩固所学的知识。

造句：

_____

_____

七、板书设计

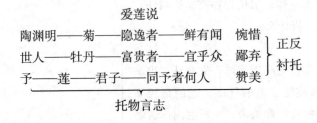

爱莲说

陶渊明——菊——隐逸者——鲜有闻　惋惜

世人——牡丹——富贵者——宜乎众　鄙弃　}正反衬托

予——莲——君子——同予者何人　赞美

托物言志

通过该板书，让学生能够快速把握文章的行文思路，体会作者的思想感情，掌握文章的写作手法，简洁明了。

【教学反思】

《爱莲说》是北宋理学家周敦颐创作的一篇散文。这篇文章通过对莲的形象和品质的描写，歌颂了莲花洁身自好、端庄、正直等高尚品格，从而也表现了作者洁身自爱的高洁人格和洒落胸襟。该文篇幅短小、文质兼美、格调高雅，适合培养学生的诵读能力、揣摩品味语言的能力，熏陶学生高尚品格的养成。在设计本课时，我遵循了以下思路：以诵读为主线，通过品味关键语句和理解托物言志的写法，从而理解文章所表达的"君子若莲"的思想感情。本课的教学设计具有以下几个特点。

1. 读的多样性

《爱莲说》篇幅短小，语言精美，具有作为训练学生诵读能力的教学价值。基于文本的这个教学价值点，本课教学设计了教师配乐范读、小组诵读、男女生分开诵读、全班齐读等多个诵读环节，让学生在多次的训练中把握准文章诵读的停顿、语调，逐步深入体会作者在文中对莲花高尚品格的赞美，进而理解作者"君子若莲"的高尚情操。读中品情，悟情再读，循环往复，达到停顿准确、情感丰富的诵读效果。

2. 研的深入性

《爱莲说》内容虽然简短，却言简意丰，应当引导学生在整体把握文章内容的基础上，深入研读莲花的高尚品格及莲花的君子形象，领会本文托物言志的写法。为了实现这一教学目标，本节课的设计主要是通过"文中哪些语句直接描写莲花？从哪些角度描写莲花？从中可以看出莲花哪些高尚品格？……"这些问题的设置和探究，避免了过去介绍作者作品→纠正读音→翻译课文→逐段逐句讲解→分析托物言志写法→总结莲花的形象→作者高尚的品格→背诵默写的传统教法，问题具有梯度性，能够逐层引导学生积极思考，思维火花不断碰撞，学习成果不断拓展，最终达成短文长教、短文深教的教学效果。

当然，本节课的教学也存在不足之处。对于"君子若莲"这一主题思想，如能结合社会现实加以理解与拓展，相信对提高学生看待问题的深刻性有更多的帮助。

从《范进中举》看《儒林外史》的讽刺艺术

——《范进中举》教学设计

海丰县梅陇中学　黎若溪

教学目标：

1. 学习运用描写人物的手法。

2. 品味小说语言，领会讽刺艺术的魅力。

教学重点：

了解细节描写、夸张手法、对比手法的使用。

教学难点：

通过品味《范进中举》这篇小说的语言，由点及面，领略《儒林外史》讽刺艺术的魅力，加强对整本书阅读的指导。

教学方法：

讨论法、任务驱动法。

课前准备：

1. 安排学生阅读原著，了解主要人物和重点情节。

2. 将学生分成八个小组。

教学过程：

一、问题引入，激趣启思

《范进中举》选自《儒林外史》第三回，是全书中写得最精彩的片段。《儒林外史》是我国古典小说讽刺艺术达到高峰的一部巨著，其主旨是"写世间真事"，穷极文人情态，鲁迅曾评论《儒林外史》"戚而能谐，婉而多

设计说明

衔接上节课内容，复习人物描写的方法（语言描写、动作描写、心理描写等）。温故知新，承上启下，简单介绍《儒林外史》的讽刺手法，形成从《范进中举》到《儒林外史》的自然过渡。同时

讽"。由《范进中举》一文可窥一斑而知全豹。那么，《儒林外史》的讽刺手法体现在哪些方面呢？

二、解读《儒林外史》的讽刺艺术

（一）浏览课文，结合整本书阅读，分组讨论：这部书讽刺艺术具体表现在哪些方面？找出相关句段。

1.细节描写

（课后习题）小说善用细节描写来刻画人物形象。试分析下列几段文字中的细节描写，体会其表达效果（全班齐读，读出情感，理解文本）。

课内片段：（1）范进不看便罢，看了一遍，又念一遍，自己把两手拍了一下，笑了一声道："噫！好了！我中了！"说着，往后一交跌倒，牙关咬紧，不省人事。老太太慌了，慌将几口开水灌了过来，他爬将起来，又拍着手大笑道："噫！好！我中了！"笑着，不由分说，就往门外飞跑，把报录人和邻居都吓了一跳。走出大门不多路，一脚踹在塘里，挣起来，头发都跌散了，两手黄泥，淋淋漓漓一身的水，众人拉他不住，拍着笑着，一直走到集上去了。

参考答案：

运用细节描写，生动贴切地把范进喜极而疯的丑态刻画得入木三分。生动地揭示了范进内心和外形的矛盾：就内心而言，范进是个胜利者，他感到扬眉吐气，要向周围的人宣布自己的夙愿已经实现。但在外形上他却是个痴傻癫狂的形象，头发跌散，两手黄泥，遍身是水，如同落汤鸡一样。讽刺意味十分强烈。

（2）范举人先走，屠户和邻居跟在后面。屠户见女婿衣裳后襟滚皱了许多，一路低着头替他扯了几十回。

参考答案：

"跟在后边""低着头替他扯了几十回"，与前文胡屠户的盛气凌人形成鲜明对比，强化了文章的讽刺意味，生动地描写出胡屠户趋炎附势、巴结女婿的丑恶嘴脸。

（3）屠户把银子攥在手里紧紧的，把拳头舒过来，道："这个，你且收着。我原是贺你的，怎好又拿了回去？"……屠户连忙把拳头缩了回去，往腰里揣……

以问题引入，直击主题，激趣启思。

细节描写是本书最为重要的讽刺手法。不管是外貌、动作还是语言、神态，作者总能抓住最富有表现力的一笔，把人物形象刻画得入木三分，各路人马人性毕露，读者也能见微知著，窥斑见豹。同样，《儒林外史》中夸张手法的描写也有很多。如：周进撞号板；范进中举发疯；范母一喜而死；严贡生发病闹船家等精彩描写，都因合理的夸张而取得强烈的讽刺艺术效果。

结合学情，通过分组讨论、合作探究，抓住细节描写、夸张手法、对比手法等，找出相关句段，通过品味《范进中举》这篇小说的语言，由点到面，可参考答案：

这里揭示的是胡屠户言语和动作的矛盾，惟妙惟肖地刻画了他嗜钱如命、自私贪婪又虚伪做作的市侩形象。

（联系整本书阅读）比如范进。在为母守丧期间，他和张静斋去汤知县衙门打秋风。席上，他坚决不用镶银和象牙的筷子，以示自己谨守礼制，是恪守孝义之人。于是汤知县"随即换了一双白颜色竹子的来，方才罢了。知县疑惑他居丧如此尽礼，倘或不用荤酒，却是不曾备办。落后看见他在燕窝碗里拣了一个大虾元子送在嘴里，方才放心"。

看到这里我们发现，范进对于自己的口腹之欲是当然不会节制的，"在燕窝碗里拣了一个大虾元子送在嘴里"，可见他道貌岸然，满嘴仁义道德、尊礼守制，实际上却说一套做一套，虚伪做作，放纵私欲。

再如严监生。提到严监生，知道的人往往会记起他临死前为了两根灯芯而不咽气的情节。原文中这样描写这一画面：

"话说严监生临死之时，伸着两个指头，总不肯断气，几个侄儿和些家人，都来讧乱着问；有说为两个人的，有说为两件事的，有说为两处田地的，纷纷不一，却只管摇头不是。赵氏分开众人，走上前道：'爷！只有我能知道你的心事。你是为那盏灯里点的是两茎灯草，不放心，恐费了油。我如今挑掉一茎就是了。'说罢，忙走去挑掉一茎。众人看严监生时，点一点头，把手垂下，登时就没了气。"

这一幕描写活灵活现，形象生动，让人读后久久难忘。

2.夸张手法

（课内片段）我们来看《范进中举》最经典的片段：范进中举的消息传过来的时候，报子来报，范进起初不相信，然后就"把两手拍了一下，笑了一声，道：'噫！好了！我中了！'说着，往后一交跌倒，牙关咬紧，不省人事"，醒过来就疯了，满街跑着，只喊"我中了"。后来被他最怕的人胡屠户的巴掌打醒了。

以体会其表达效果，把握人物形象，从而更好地理解《儒林外史》的讽刺艺术。

作者通过"一拍、一笑、一说、一跌"等几个动作描写，就把范进喜极而疯、昏厥倒地的情景凸显出来。接着，作者又描绘了一幅更精彩的画面："一脚踹在塘里，挣起来，头发都跌散了，两手黄泥，淋淋漓漓一身的水。"把范进这种疯狂十足、狼狈不堪的丑态刻画得淋漓尽致。

范进中举发疯，胡屠户打了范进一巴掌后，"不觉那只手隐隐的疼将起来；自己看时，把个巴掌仰着，再也弯不过来。"作者把这些真实本质的东西通过变形、成倍地夸大，使其原形毕露。这种典型细节的夸大描写，都是寓讽刺于夸张之中，都高度突出了人物本质的某些方面。

（联系整本书阅读）周进对范进有提拔和知遇之恩，他在中举前也经历了一段和范进一样的黑暗岁月。刚出场时，周进已经六十多岁，仍然是个老童生。他生活穷困潦倒，忍受着士林人物的刁难羞辱，还有市井小民的轻视。但他始终把科举视为自己的救命稻草。当他进省城路过贡院时，心中多年的愿望再次复燃。但他是童生，没法进入贡院。看门人用鞭子把他打了出来。当他恳求别人带他参观贡院时，大半生追求功名富贵却求之不得的辛酸悲苦以及所忍受的侮辱欺凌一下子倾泻出来，周进的人生也一举进入高潮：

周进一进了号，见两块号板摆的齐齐整整，不觉眼睛里一阵酸酸的，长叹一声，一头撞在号板上，直僵僵不省人事。

他苏醒后满地打滚，放声大哭。几个商人得知原委，答应每人拿出几十两银子，让他纳监进场。

周进道："若得如此，便是重生父母，我周进变驴变马，也要报效！"爬到地下，就磕了几个头；众人还下礼去。金有余也称谢了众人，又吃了几碗茶。周进再不哭了，同众人说说笑笑，回到行里。

像这里的动作描写"一头撞在号板上，直僵僵不省人事……满地打滚，放声大哭……爬到地下，就磕了几个头"以及"若得如此，便是重生父母，我周进变驴变马，也要报效"的语言描写，可以看出周进等人科场若不如意，就再无其他谋生本领。周进宁可撞板，因为他深知：

除了科举，自己无法自食其力。这些描写，把一个对中举是他们唯一的生活目标、八股是他们唯一的生活技能的人物形象刻画得入木三分。

3. 对比手法

（课内片段）比如范进。中举前已考了二十多年。他已经在家庭当中没有了任何的威信，尤其是他的丈人胡屠户对他更是厌恶至极。即使中了相公也没有改变他的处境，他依然被老丈人辱骂。但如果不去参加乡试又不甘心，可是要去参加乡试却没有盘缠，只能去和丈人借钱，却"被胡屠户一口啐在脸上，骂了一个狗血喷头""一顿夹七夹八，骂的范进摸门不着"，没办法，范进只能"瞒着丈人，到城里乡试。出了场，即刻回家。家里已是饿了两三天。被胡屠户知道，又骂了一顿"。

中举之后的范进，他的丈人则立马把他当成了"文曲星下凡"，开口贤婿闭口老爷。

（联系整本书阅读）又如匡超人。匡超人在《儒林外史》中是一个不断黑化的角色。匡超人少年时期心地善良，勤快麻利，事亲孝顺。他在马二先生的资助下回到家中见到娘亲就"放下行李，整一整衣服，替娘作揖磕头"。因为孝顺好学，不断得到贵人相助，最终进京入了太学，并考取了教习的职位。回乡取结时，被告知妻子已死。他冷酷地拒绝了哥哥让他回去将妻子棺木下土的要求，并告诉他哥："哥将来在家，也要叫人称呼'老爷'，凡事立起体统来，不可自己倒了架子。"可以看出，富贵功名让他迷失了心性，他已经丢掉父亲的教导和往日的纯朴，更丢弃了做人的原则，变成一个薄情寡义、自私冷酷、冷酷至极、恩将仇报的利己主义者。

当然，还有王冕这样不慕名利的人，和范进、匡超人等一心考取功名的人形成了鲜明的对比。严监生的节约仁爱和严贡生的卑鄙无耻也形成了对比。

（二）中考拓展训练（整本书阅读）。

【海丰县2020年春季"线上教育"教学质量监测九年级语文试题】

《儒林外史》剖开儒林的虚伪，为我们展现了当时的人性和众生相，表达了对整个封建礼教制度的腐朽和人民灵魂的扭曲的批判。通过学生小组的探究和教师的点拨，让学生更好地理解课文，从而把握《儒林外史》的主题。

附加题（10分）

阅读下面的名著选段，回答第1～3题。

（A）范进看了众人，说道："我怎么坐在这里？"又道："我这半日，昏昏沉沉，如在梦里一般。"众邻居道："老爷，恭喜高中了。适才欢喜的有些引动了痰，方才吐出几口痰来，好了。快请回家去打发报录人。"范进说道："是了。我也记得是中的第七名。"范进一面自绾了头发，一面问郎中借了一盆水洗洗脸。一个邻居早把那一只鞋寻了来，替他穿上。见丈人在跟前，恐怕又要来骂。

（B）知县安了席坐下，用的都是银镶杯箸。范进退前缩后的不举杯箸，知县不解其故。静斋笑道："世先生因遵制，想是不用这个杯箸。"知县忙叫换去，换了一个瓷杯、一双象牙箸来。

范进又不肯举。静斋道："这箸也不用。"随即换了一双白颜色竹子的来，方才罢了。知县疑惑他居丧如此尽礼，倘或不用荤酒，却是不曾备办。落后看见他在燕窝碗里拣了一个大虾元子送在嘴里，方才放心。

1.范进发疯的原因是什么？请简要概述。（2分）

2.结合（A）（B）两个文段分析范进是一个怎样的人。（4分）

3.《儒林外史》中主要介绍了五类知识分子形象，请结合原著，参考下面的例子，写出《儒林外史》中知识分子形象的特点及对应的人物。（列举两例即可，每例至少一个人物）（4分）

例：真正远离科举、功名的人，如王冕、杜少卿等。

（2020·绍兴模拟）以下是某同学整理的《儒林外史》名著阅读任务单，请你一起完成相关任务。

在对细节描写、夸张手法和对比手法的使用进行分析的基础上，联系整本书阅读，领略《儒林外史》讽刺艺术的魅力，并进行中考习题拓展训练。依据新课标，把握中考命题动向、考点及题型，增强复习的针对性。引导学生进行整本书阅读，让学生在阅读中体会到读书的快乐。

阅读书目	阅读策略	讽刺艺术的具体呈现	问题与理解
《儒林外史》	关注独特的讽刺艺术	（1）来源于真实题材	【批注1】作者遵循真实性原则，从①＿＿＿＿＿＿＿、官绅形象、形形色色的假名士三类人来写"自所闻见"的熟悉人物。他将这些人物与社会环境联系起来，用自己的文笔达到"以公心讽世"之目的，表现出了巨大的讽刺力量
		（2）夸张变形的描写	【批注2】第五回中，有这么一个故事：②＿＿＿＿＿＿＿＿＿＿＿＿＿＿。故事通过细节描写，把严监生那贪婪吝啬的形象刻画得入木三分，活灵活现
		（3）冷峻的白描	【批注3】范举人先走，屠户和邻居跟在后面。屠户见女婿衣裳后襟滚皱了许多，一路低着头替他扯了几十回。作者用这种冷峻的白描，达到了这样的艺术效果：③＿＿＿＿＿＿＿＿＿＿＿
		（4）强烈的批判	【批注4】王玉辉走到床面前说道："你这老人家真正是个呆子！三女儿他而今已是成了仙了，你哭他怎的？他这死的好，只怕我将来不能像他这一个好题目死哩！"因仰天大笑道："死的好，死的好！"大笑着，走出房门去了。作者在此塑造典型人物，叙述典型故事，其目的是：④＿＿＿＿＿＿＿＿＿＿＿

课堂小结

《儒林外史》是我国文学史上一部杰出的现实主义长篇讽刺小说。这本书的讽刺艺术主要体现在细节描写、夸张手法、对比手法等方面。《范进中举》是长篇讽刺小说《儒林外史》中极为精彩的篇章之一，从《范进中举》一文可窥一斑而知全豹。这节课我们主要通过品味《范进中举》这篇小说的语言，由点到面，初步领略了《儒林外史》整本书讽刺艺术的魅力。经过这一段时间的训练，同学们也初步学会了合作、释疑，提高了自主解决问题的能力。

课堂有限，阅读没有终点。腹有诗书气自华，最是书香能致远。希望各位同学铭记在心，我们都来做个快乐的读书人。

课后作业：

1. 范进中举，帮范进发"朋友圈"。然后模仿范进周围各人的口吻进行评论。

2. 运用讽刺手法写作小作文：假如范进没有中举。

作业的设计，优化情境设置，增强试题开放性、灵活性，这两道开放性试题没有标准答案。在评改时，主要考查学生对小说中人物细节的了解程度。

板书：

从《范进中举》看《儒林外史》的讽刺艺术

1. 细节描写
   课内片段→整本书阅读
2. 夸张手法
   课内片段→整本书阅读
3. 对比手法
   课内片段→整本书阅读

板书紧扣教学内容，突出教学重点，借助线条的穿梭和连接，简单明了，由点到面，直观地表达出文章部分内容与整本书的联系，呈现完整的内容体系，便于学生掌握要领，同时培养学生的分析概括能力。

【教学反思】

这节课是统编版教材九年级上册第五单元《范进中举》第三课时。我结合整本书阅读，将这节课题目定为"从《范进中举》看《儒林外史》的讽刺艺术"。本节课，我采用讨论法、任务驱动法进行教学。我的教学目标是：学习运用描写人物的手法；品味小说语言，领会讽刺艺术的魅力。

《范进中举》是《儒林外史》中的经典篇章，是全书中写得最精彩的片段。而《儒林外史》是九年级下册两部名著之一，《儒林外史》无愧为我国古典小说讽刺艺术的高峰，由《范进中举》一文可窥一斑而知全豹。这节课我想将《范进中举》和《儒林外史》两者结合起来，进行有效衔接。通过品味《范进中举》这篇小说的语言，由点到面，领略《儒林外史》讽刺艺术的魅力，即对整本书阅读做一次尝试和探索。首先浏览课文，结合整本书阅读，分组讨论：这部书讽刺艺术具体表现在哪些方面？找出相关句段。学生进行合作探究，最后在教师的引导下得出结论：《儒林外史》讽刺艺术主要体现在细节描写、夸张手法和对比手法。各小组能具体分析课后习题几段文字中的细节描写等，体会其表达效果，并对夸张手法和对比手法的使用进行分析，然后联系整本书阅读领略《儒林外史》的讽刺艺术的魅力，最后进行中考习题拓展训练。在这个过程中，各小组积极探讨，派代表回答问题。本堂课结束，我的教学目标基本上达到了，学生准备很充分，互动良好，参与度较高。

这种名著导读新课型的尝试有一定的效果。从学生的参与度可以看出学生进行了有效预习。探索名著导读教学路子，激发了学生兴趣。抓住了讽刺艺术最关键的地方，抓住细节描写、夸张手法、对比手法三点，以点带面，强调了整本书阅读的重要性。

不足之处，应让学生分组在课前查找资料，让每位学生做好更充分的准备。这样在课堂上学生的配合会更默契。另外，在拓展写作训练和中考拓展训练方面还要进一步加强，多一点语言、动作描写的讲解会更好。今后要不断加强学生的小组合作探究，激发学生的自主学习性，不断提高学生的综合素养。

如何让"借班上课"更出彩

——《水调歌头》朗读指导教学设计

汕尾市教师发展中心　陈枢

这首《水调歌头》以月写相思团圆。苏轼在写这阕词时，已经七年未见其弟苏辙，故以此词寄托。正值中秋佳节，围绕明月展开一系列的想象和思考，更是通过对宇宙规律的感悟与人世悲欢离合的感怀，表达出一种乐观向上的积极人生态度。全词清丽典雅，极富浪漫主义色彩，被公认为中秋词中最好、最经典的一首绝唱。

一、教学背景

2018年10月26日，我在广东省中小学柯泽华名教师工作室第一次跟岗活动中上了一节公开课《水调歌头》。

这节公开课我是借班上课，对学生的知识水平不够了解，所以我准备了两套上课方案：一是教读引领课；二是朗读指导课。上课前，通过与主持人柯泽华老师交流，发现这个班的学生基础比较薄弱，开口读课文的积极性不强，学习情况在年级中处于中下游。

二、教学设想

了解了学生的基本情况后，我先自我反问，要教给学生什么呢？要怎么教？要如何让不同层次的学生学有所得？所谓"三分诗词，七分读"，如果让诵读贯穿课堂始终，通过听读、自由读、个读、齐读等多种方式，让学生读准字音、读出节奏、读出感情。这对于基础水平低的学生来说要求会低一点，更能激发学生学习的兴趣，因此我决定上一节朗读指导课。

三、学习目标

（1）朗读技巧，读出感情。

（2）小组探究，把握诗歌内容。

（3）多角度朗读，体会作者通过明月表达什么思想感情。

四、教学重难点

重点：掌握朗读技巧，读出感情。

难点：通过多角度朗读，理解作者通过明月表达什么思想感情。

五、教学过程

1. 谈话导入

师：今天很高兴来到河东中学，跟同学们来一次思想的交流，我很是紧张。为了舒缓一下紧张的气氛，我们来唱唱歌怎么样？

同学们，你们有没有听过王菲唱的一首歌《明月几时有》？

（众）生：有！

师：那么大家推荐一位同学唱一遍。

（生推荐一位女同学演唱）

师：这位同学唱得很好，敢在这么多位老师、同学面前唱歌，这需要很大的勇气，所谓敢唱才会红。不过，今天我们不是上音乐课，我们要从语文的角度来学习苏轼的《水调歌头》，有专家说"三分诗词，七分读"，我们先来读好这首词。

2. 一读，读准字音

师：我先请一位同学来读读这首词，看看大家的朗读水平怎么样？

（指名朗读）

师：这位同学读得怎么样，有没有同学来评价一下？我们就请坐在她旁边的同学评价一下。

（众）生：语速比较快，声音比较小。

师：不管这位女同学读得怎么样，她能大胆读出来就已经很不错了。敢大胆读课文是读好课文的第一步。不过我发现有几个字的字音读错了，你们还有哪些字词不会读，请指出来，我来解答。

（生指出难读字，师帮助解决）

3. 二读，读准节奏

师：听大家齐读一遍后，我发现同学们的字音读准了，不过还有一个问题，就是语速太快了，没有节奏感。那先听老师范读一遍，注意老师朗读的节奏，用斜线画出节奏来。

（师范读，生画节奏）

师：画好节奏，请大家练一练，大声读出来。

（生练习）

师：好，大家停下来。老师读小序，你们读正文。

（师读小序，全班齐读）

师：这次的节奏就读得很不错，但感情还没有读出来，我没有听到抑扬顿挫的语调。要理解诗歌的感情，就要理解诗歌的意思。那么我请大家以四人为一小组，合作理解这首词的意思。

4. 小组合作探究

小组合作。

师：大家在理解诗词的过程中，还有哪些句子不能理解，请勾画出来，老师帮你们解决。

（生提出疑问，师释疑）

5. 三读，读出感情

师：诗词，我不要求大家一字一字地翻译出来，只要理解诗词大概的意思就好，在理解诗词的基础上去体会诗歌的感情。这首著名的中秋词，苏轼借明月抒发什么思想感情呢？

生：表达对弟弟的思念之情。

师：你从哪些诗句看出来的呢?

生：小序交代了写作时间是中秋，目的是"兼怀子由"。苏轼借明月表达了对弟弟的思念。

生：从"转朱阁，低绮户，照无眠""何事长向别时圆""但愿人长久，千里共婵娟"也可以看出诗人对亲人的思念，辗转难以入眠，希望与家人团聚。

师：同学们找得很好，苏轼和他的弟弟感情很好，请看课件。

（出示PPT）

写这首词的时候，苏轼和他弟弟七年没有见过面了，而且他们两兄弟的感情特别好。他们从小志同道合，在文学上珠联璧合，生活上更是手足情深。"乌台诗案"后，苏轼被贬官黄州，苏辙马上上书皇帝，愿意用自己的官位为他哥哥赎罪，这足以证明他们兄弟情深。他们的书信往来是非常频繁的，苏轼写给苏辙的诗歌多达104首，而苏辙写给苏轼的诗歌更多，有130首。

师：苏轼写这一首词难道只是为了借明月表达对弟弟的思念吗?

生：从小序"兼怀子由"中的"兼"字看出苏轼写这首词还有其他目的。

师：苏轼还有什么目的呢? 让我们先来了解苏轼的生平经历。

（出示PPT）

元丰二年（1079），43岁的苏轼被调为湖州知州。上任后，他即给神宗写了一封《湖州谢表》，这本是例行公事，但苏轼是诗人，笔端常带个人感情，说自己"愚不适时，难以追陪新进"。这些话被新党利用，说他"愚弄朝廷，妄自尊大"，又讽刺政府，莽撞无礼，对皇帝不忠。一时间，朝廷内一片倒苏之声。七月二十八日，上任才三个月的苏轼被御史台的吏卒逮捕，解往京师，受牵连者达数十人。这就是北宋著名的"乌台诗案"。"乌台诗案"这一巨大打击成为苏轼一生的转折点。新党们非要置苏轼于死地不可，救援活动也在朝野同时展开。不但与苏轼政见相同的许多元老纷纷上书，连一些变法派的有识之士也劝谏神宗不要杀苏轼。王安石当时退休金陵，也上书说："安有圣世而杀才士乎?"在大家的努力下，这场诗案就因王安石

"一言而决"，苏轼得到从轻发落，贬为黄州（今湖北黄冈）团练副使，"本州安置"，受当地官员监视。苏轼下狱一百零三日，险遭杀身之祸。幸亏宋太祖赵匡胤当时定下不杀士大夫的国策，他才躲过一劫。

师：从背景材料中我们可以得知，虽然苏轼一心报国，最后还是被贬黄州，政治上的失意让他心情十分悲痛，所以说本词除了表达他怀念子由，更传达了他政治上的失意。

师：（小结）所以说苏轼这首词中的月亮代表了两种情感：怀念和失意。我们在朗读时要体会作者这种感情，用心把这种感情读出来。老师播放一段背景音乐，大家跟着音乐朗读一遍，看能不能把这种感情读出来。

（播放音乐，全班齐读）

6. 主题升华，收束课堂

师：月亮在中国文化中的象征意义十分丰富。它是美丽的象征，创造了优美的审美意境。同时，月亮也是人类相思情感的载体，它寄托了恋人间的相思，表达了人们对故乡和亲人朋友的怀念。而月亮本身安宁与静谧的情韵，创造出静与美的审美意境，引发了许多文人的空灵情怀。高悬于天际的月亮，也引发了人们的哲理思考，月亮成为永恒的象征。此时此刻，无论身在何处，当我们遥望夜空，看见朗朗明月之时，心中总是会引起无限遐想。让我们在朗读中感受天涯共此时的美好祝愿吧！

（全班齐读）

六、教学反思

这节课我先从《明月几时有》这首歌导入，推荐一名学生唱歌，一是激起学生的兴趣；二是让学生明白唱要敢唱，读要大胆读的观点。接着我从读准字音、读准节奏和语气语调、读出感情三个方面来指导学生朗读。在引导学生体会作者思想感情方面，我着重介绍了苏轼和其弟弟的感情以及"乌台诗案"，让学生明白本词的背后含义：本词表达了作者的怀念和失意两种感情。最后，在背景音乐的渲染下，学生能有感情地齐读课文，基本完成目标。

借班上课是师生初次见面，谁也不了解谁，只知道彼此即将共度45分钟，这就给课堂教学带来了不可预测的难度。如何让借班上课更出彩，我觉得要做好以下几个方面。

（1）了解学情。只有了解了学情，了解了哪些是学生读不懂、读不明、读不好的地方，才能正确选择教学内容，从而保证语文阅读教学的有效性，这体现了教师的教学智慧。例如，我上这节课之前，本来是要上教读引领课，后来通过了解学生的基本情况后，就改变了教学内容，从读入手，这样更能激发学生的兴趣。

（2）注意上课开场白，拉近与学生的距离。由于和学生第一次见面，学生对我还很陌生，有一种抗拒心理，所以设计精彩的开场白，不仅能调动起学生的学习热情，而且能拉近学生的距离。例如，这节课我利用几分钟让学生唱歌，学生的激情一下子就点燃了，注意力也开始集中起来。

（3）让学生感受"成功"。"兴趣是最好的老师"，要让学生对学习感兴趣，教师首先得让学生尝到成功的喜悦，才能激起他们不断地探索成功。苏霍姆林斯基说：为了保护学生的学习积极性，在给学生打分时要慎用"不及格"。所以，每次学生站起来回答，我都会对他们进行肯定的评价。对于全班的回答，我也给予表扬。这一节课，学生从不读，到开口读，再到大声读，课堂效果很好。

（4）问题的设计要清晰、简要。提问学生要有目的性，要根据学生的水平设计相应的问题，这样才能引起学生的思考。例如，我在引导学生理解作者的感情时，提出了两个问题：首先，提问这首著名的中秋词，苏轼借明月抒发什么思想感情？这个问题学生很快想到。其次，我再提问这首词除了表达对弟弟的思念之情，还有其他目的吗？这个问题我让学生参考本诗歌的写作背景去理解。问题由浅入深，层层递进，学生自然而然地就答出来了。

这节借班上课，我按照以上几个方法，出彩地完成了一节公开课，其他老师的评价也不错。

但是，我认为这节课有几点不足的地方：因为学生基础差，没有出示相关知识点，如注音、朗读节奏。我过于理想化，通过口述让学生明白注音和节奏，学生掌握不到位。在词义理解方面，通过小组合作探究理解词义，没有讲解透彻，匆匆而过，进而转移到感情的把握。对感情的体悟，本文除了政治上的失意和对亲人的思念外，还有心中的释怀和乐观精神。在政治上的失意这个方面讲得不透彻，所以学生理解不够深刻，也由于时间的限制，以致匆匆结束。

　　这节课虽有不足的地方，但对学生的朗读指导作用，效果是显著的。借班上课，更能考验老师的功底，我很珍惜每一次借班上课的机会，在上课中不断提高自己的教学水平。

现实与理想的差距

——《社戏》《红心番薯》语文主题学习教学设计

汕尾市教师发展中心　陈枢

何谓语文主题学习活动？"主题学习"是以教材编写的主题单元为凭借，围绕主题进行课内大量阅读，改进教师的教学行为和学生的学习方式，用三分之一的课堂教学时间学完教材，其余时间引导学生进行相关材料的大量阅读，最终达到提高学生语文素养的目的。语文主题学习的教学模式为"单元整合教学"，就是以教材现有的单元为单位，以单元主题为核心，以特定的目标为中心重新组织课程内容，指导学生学习教材，并结合《语文主题学习丛书》进行整合式的教学，即一个阅读单元内文章以及对应丛书上的文章之间的整合。根据教学需要，有的要打破教材顺序，甚至打破原有的结构安排和设计。单元整合模式有多种模式，即教材内多篇、教材+丛书、教材外多篇。

一、教学背景

近些年受网络文化的冲击，阅读一度淡化，加上应试思潮的影响，语文阅读曾经低到尘埃里去，语文学科有时也处于一个无足轻重的地步。随着改革的浪潮，回归纸质阅读，重视传统文化，倡导国学经典，又回到主流。语文再次重振雄风，"得语文者得天下"非危言耸听；阅读，已提升到一个极高的位置，甚至是国家层面的推广；这是语文的骄傲，国学的骄傲。

在此大背景下，"语文主题学习"的推出无疑是一大明智的举措，其理念符合统编版教材提倡的"一课一得"的宗旨。在常规教学的基础上扩大阅读量，大大满足了当前的教学形势。教学中，另辟蹊径，采用"1+1"或"1+X"的教学模式，教材和丛书同时进行，以并列或发散的阅读迁移形式，拓宽课堂的容量，这是一个理想的开端。

我很荣幸成为语文主题学习活动的实验教师。在接到这个任务时，我很困惑，觉得这既是一个挑战，又是一种机遇。"语文主题学习"对于长期接受传统教育的老师来说，要改变以往的教学模式，本身就是一种挑战。但能够接触外面世界先进的教学理念，让学生回归文本，拓展学生的阅读量，这又是一种机遇。因此，我怀着一种学习的态度，去初步探究"语文主题学习"活动新课型。

二、教学设想

这节课，我采用教材+丛书这种模式，即一篇教材和一篇语文主题丛书文章的整合。我选择一篇教材《社戏》和一篇语文主题丛书《红心番薯》，提炼出它们共同的主题：现实与理想的差距。通过小组合作交流，自主探究这两篇小说的主题。

三、教学目标

（1）品读文章内容，体会作者的思想感情。
（2）培养学生正确的理想观念。

四、教学重难点

重点：品读文章内容，体会作者的思想感情。
难点：培养学生正确的理想观念。

五、教学过程

1. 激趣导入

师：上课之前我们先来看一个小故事，然后谈谈你的感受。

（出示PPT）

师：上课之前，我们先来听一个小故事，然后谈谈你的感受。

有一位诗人，出生于盛唐时期，他一生绝大部分时间都在漫游中度过，游历了大半个中国。二十岁时只身出川，开始了广泛漫游，希望结交朋友，拜谒社会名流，从而得到引荐，一举登上高位，去实现远大的政治抱负。可是，十年漫游，却一事无成。他不愿应试做官，希望依靠自身才华，通过他人举荐走向仕途，但一直未得人赏识。他曾给当朝名士韩荆州写过一篇《与韩荆州书》，以此自荐，但未得回复。直到天宝元年（742），因道士吴筠的推荐，他才被召至长安，供奉翰林，文章风采，名震天下。他初因才气为玄宗所赏识，后因不能见容于权贵，在京仅三年就弃官而去。他感愤时艰，内心极度愤慨不平，只能重新开始漫游生活，以期在山水间获得一些心灵慰藉。这时他写下不少诗篇，抒发怀才不遇的愤懑。但是苦闷过后，他依旧积极地追逐梦想。安史之乱发生的第二年，他曾加入永王李璘的幕府。后来，永王兵败被杀，他受牵连，流放夜郎，途中遇赦。他晚年漂泊东南一带，投奔族叔当涂令李阳冰，不久病逝。

师：同学们，你们猜这个人是谁？听完他的故事，你们有什么感想？

生：……

师：都讲得很好。李白的经历告诉我们，现实与梦想还是有一定的差距，但是我们要保持良好的心态，积极面对，就会释然。这节课我们就来谈谈现实与理想的差距。

【这个环节通过小故事引起学生的兴趣，让学生初步了解现实与理想的差距】

2. 直面现实

师：文学艺术是现实生活的反映。请同学们阅读《社戏》和主题学习丛书《红心番薯》，谈一谈这两篇文章如何反映现实。

（出示PPT）

提示：

（1）《社戏》这篇文章选入教材时删减了"我"成年后在剧场看中国戏的两段经历，阅读删减部分，反映了当时社会什么样的现象？

（2）红心番薯象征了哪一类人，他们有什么遭遇？

注意：找出关键句子、关键词语，分析句子，体会作者反映现实生活什么现象。

要求：①小组讨论，然后选代表回答问题。

②全班分成两个大组，每个大组分成四个小组。第一大组阅读《社戏》，第二大组阅读《红心番薯》。

（小组派代表发言）

师：（出示PPT）下面，小结如下。

（1）《社戏》折射现实：戏场小天地，天地大戏场。在鲁迅眼里，中国的戏场就是中国社会的一个缩影，前两次看戏，都没看好，折射出当时社会的混乱、沉闷、人与人之间的冷漠、污浊。这就是现实。

（2）《红心番薯》反映现实：红心番薯象征一群离开大陆，流落海岛的台湾同胞。从鸦片战争到解放战争，一百年的时间里，他们在战火中幸存，在烽烟中辗转，他们含泪离开曾经深深扎根的故土，来到台湾，却有家难回。这就是现实。

【这个环节通过小组合作交流，理解《社戏》和《红心番薯》所反映的现实问题，带动学生进入"真阅读"的状态】

3. 理想追求

师：通过分析，这两篇文章让我们感受到现实的残酷、无奈，用一句网络语言说：现实是骨感的。所以，作者能直面惨淡的人生，那么，这两篇文章有没有在追求什么理想呢？

（出示PPT）

提示：

（1）第三次看戏的经历和前两次有什么不同，表达作者了怎样的思想感情？

（2）背井离乡的台湾同胞有什么渴望？

（小组再次合作交流之后，继续派代表发言）

师：根据大家的发言，老师总结归纳为以下两个方面。

（1）分析《社戏》：第三次看戏，戏同样不好看，但是在平桥村看戏不同于前两次看戏，这里有优美的自然景色，自由快乐的生活，和谐的人际关系，这是作者理想中的故乡。

（出示PPT）

（2）分析《红心番薯》：抓住关键词"红心"，背井离乡的台湾同胞虽然远离故土，但他们对家乡的眷念、热爱的心是不变的。对于卖番薯老人和父亲上一辈人来说，哪里有土，哪里就有家，特别是生你养你的故土，土地就是他们的根，他们认为脚踏一片热土便心存一份踏实，手捧一堆热土便身感一种心安，死后能落叶归根，能有一堆黄土盖身便是最大的心愿。

（出示PPT）

【这个环节继续培养学生自主合作探究的能力】

4. 深入探究

师：这两篇文章所反映的现实和所追求的理想有差距吗？或者说，在当时的情况下，作者所追求的理想能实现吗？

生：……

师小结：

（1）《社戏》表达作者对美好幸福生活的向往与追求，正因为现实没法实现，才在作品中寄予作者的追求。这就是现实与理想的差距。

（2）《红心番薯》那一群背井离乡的台湾同胞希望落叶归根的愿望，在当时或者现在暂时是没法实现的。这就是现实与理想的差距。

【这个环节进一步培养学生的思维能力】

5. 小结

这两篇文章让我们看到现实与理想还是有差距的，无论是《社戏》表达了作者对美好幸福生活的追求，还是《红心番薯》表达了台湾同胞想要落叶归根的愿望，在当时或者现在暂时没法实现，但是我们要相信将来是会实现的。

6. 谈一谈

师：在学习当中你是怎样看待现实与理想的距离？（结合实际谈谈自己的看法）

生答……

【这个环节培养学生正确的理想观念】

师结语：理想总是饱满的，现实都是骨感的。

同学们，现实总是很残酷的，但理想是很美好的。我们要心存希望，不能因为现实的无奈而放弃理想的追求，正因为理想和现实有差距，人们才会珍惜理想。

六、教学反思

语文主题学习模式颠覆以往常规的教法。过去是点角面交错纵横，全面覆盖，现在是"弱水三千，只取一瓢"；过去是天天大锅饭，现在是餐餐开小灶；过去是酸甜麻辣一锅煮，现在是蒸煮炒分开来，有计划、有步骤地让学生补充"精神食粮"和"营养"。如此一来，对各方面的要求都高，三个字概括：精、细、准。如何上好这节课，备课很关键。

1. 选准切入点

如何把两篇不同的文章整合起来，那就要熟读这两篇文章，分析这两篇文章的异同点，找出它们相关联的地方，方便整合。

《社戏》这篇文章从写作背景和主题来分析，我们可以看出《社戏》以饱含深情的优美笔触，刻画了一群农家子弟栩栩如生的形象，表现了劳动人民纯朴、善良、友爱、无私的美好品德，展示了农村自由天地中充满诗情画意的儿童生活画卷，表达了作者对劳动人民的深厚情感和对摆脱封建束缚的自由生活的向往，这是鲁迅的一种理想。但从当时的时代背景来看，由于辛亥革命不够彻底，在封建军阀的统治下，封建教育的思想仍紧紧地禁锢着大家的头脑，封建的礼教制度牢牢地束缚着人们的手脚，一切都没有进步，一切都没有朝气。在这种气氛之下，儿童教育就更成为封建教育制度的牺牲品了。枯燥无味的教育内容，僵化呆板的教学方法，使学生身心都得不到健康发展，而且备受摧残。这就是现实与理想的问题。

《红心番薯》中的红心番薯象征一群离开大陆，流落海岛的台湾同胞。从鸦片战争到解放战争，一百年的时间里，他们在战火中幸存，在烽烟中辗转，他们含泪离开曾经深深扎根的故土，来到台湾，却有家难回，表达了台湾同胞想要落叶归根的愿望。但是台湾历史遗留下来的问题还没有解决，台湾同胞这种落叶归根的愿望暂时就不能实现。这就是现实与理想的问题。

通过分析，我抓住这两篇文章的切入点，确定本节课的主题——现实与理想的差距。

2. 确定教学目标

语文主题学习可以说真正体现了一切为了学生的学，语文是学出来的，而不是讲出来的，在这样的指导思想之下，在教学时间的分配上，学生的学习活动占支配地位，让学生真正成为课堂主体，而教师则是引导者。规划课堂教学流程，为学生设计学案，引导学生自主、合作学习等，教师的引导成为学生有效学习的保证，在这样的课堂上，学生不仅能学到知识，习得能力，而且养成了良好的学习习惯。这节课，我让学生以小组的形式进行合作探究，让学生自主阅读，通过品读文章内容，体会作者的思想感情，进而培养学生正确的理想观念。

3. 问题设置

语文主题学习要求要简约问题，一课一得。本节课我定为"情感意蕴探究课"，体会作者的思想感情。首先我通过朗读一个小故事，引起学生的兴趣，让学生初步了解现实与理想的差距。接着我设置了四个问题：①文学艺术是现实生活的反映。请同学们阅读《社戏》和主题学习丛书《红心番薯》，谈一谈这两篇文章如何反映现实？②作者能直面惨淡的人生，那么这两篇文章有没有在追求什么理想呢？③这两篇文章所反映的现实和所追求的理想有差距吗？或者说在当时的情况下，作者所追求的理想能实现吗？④在学习当中，你是怎样看待现实与理想的距离的？四个问题层层递进，让学生逐渐理解现实与理想的差距，培养学生正确的理想观念。

4. 其他细节问题

学生的表现，反馈情况，需要在课堂上随时做出应变。

5. 本节课的优缺点

语文主题学习备课非常重要，只有备课充分，才能很好地上完这节课。

本节课的优点：问题设置清晰，有主线，能遵从统编版教材"一课一得"的理念。通过丛书比较阅读，拓展阅读量，提升学生的思辨能力，把学生引入一种"真阅读"状态；同时，在阅读中提升情感认识，基本上能体现并落实新教材双线组元的特点，即"人文主题"和"语文要素"双线组织结构。

不足之处：老师的教学语言不够生动，过渡性语言不够流畅。学生的小组学习还没有形成规模，讨论不够积极。问题设置可以再简化一点。

一节课有优点，有不足，才是最真实的课堂。理想的语文课堂就是一个喜欢读书的老师领着一群喜欢读书的孩子，在文字的世界里旅行的过程。在这一行程中，学生的眼睛可以领略到无限的风光，心灵可以经历诸多的情感体验，渐渐地，他们就产生了对美的追求与渴望。这才是我们语文教育的本意所在。

精心选材，巧妙构思

——中考作文辅导课教学设计

陆丰市龙山中学　柯泽华

一、教学目标

（1）了解考场作文的选材误区，学会精心选材。

（2）学会在考场上巧妙构思作文。

二、教学重难点

联系考场作文选材、构思的实际情况反思得失，从中学会选材和构思的方法。

三、教学过程

（一）明规则知方向，引入课题

1. 重温考场作文写作流程

（1）让学生回想自己考场作文的写作流程。

（2）教师通过PPT展示考场作文的写作流程。

审题：审清、审准考题的要求，提炼主题，明白要写什么，避免下笔千言、离题万里的结果。

构思：①选材：围绕主题，选择真实感人、新颖独特的写作材料，明白可以写什么。②结构：段落层次安排合理，注意过渡衔接，注意材料的详略安排，明白可以怎样写。

这两点在考场作文中尤为重要，千万轻视不得，所谓"磨刀不误砍柴工"。所花费的时间一般在10分钟，成败往往也聚焦在这10分钟。

行文：注意书写整洁、表达连贯、语言准确生动。

（3）教师通过PPT出示问题。

考场作文往往出现这样的现象：洋洋洒洒近千字，事件堆砌不分主次，结构杂乱无章，分数不尽如人意，为何？

明确：选材不恰当，结构不合理。

引入课题，教师板书：精心选材，巧妙构思。

2. 了解中考作文评分标准

教师通过PPT展示中考作文评分标准，标出选材、结构方面的要求，凸显其重要性。

作文等级	评分标准
一类卷（45～50分）	1. 立意明确，中心突出，材料具体生动，有真情实感。 2. 结构严谨，注意照应，详略得当。 3. 语言得体、流畅。
二类卷（40～44分）	1. 立意明确，中心突出，材料具体。 2. 结构完整，条理清楚。 3. 语言规范、通顺。
三类卷（30～39分）	1. 立意明确，材料能表现中心。 2. 结构基本完整，有条理。 3. 语言基本通顺，有少数错别字。
四类卷（15～29分）	1. 立意不明确，材料难以表现中心。 2. 结构不完整，条理不清楚。 3. 语言不通顺，错别字较多。
五类卷（0～14分）	1. 没有中心，空洞无物，严重离题。 2. 结构残缺，不成篇章。 3. 文理不通，错别字较多。

教师通过引导学生进行各个等级得分不同的对比，强调精心选材和巧妙

构思在中考作文中的重要性。

设计意图：一是带领学生重温考场作文的写作流程，点出审题和构思在考场作文中的重要性；二是通过问题思考和表格对比点出精心选材、巧妙构思是考场作文成败的关键所在。本节课的导入开门见山，直击要害。

（二）精心选材

1. 中考作文选材常犯的几种错误

（师出示PPT）

（1）假大空。

假：有些同学为了博取阅卷老师的同情，所选材料毫无真情实感，胡编乱造。

大：写人生怎样，生活怎样，理想怎样，缺乏自己的切身体验和感悟。

空：这类文章往往属于喊口号式。如祖国我爱你、爸爸妈妈我爱你，究竟如何爱，没有具体事情的叙述、没有具体细节的刻画，整篇文章空洞无物，无法打动阅卷老师。

（2）记流水账。

有的考生在记叙时只会罗列人物或事件概况。写人缺乏细腻刻画，写事不分主次，平均用力，文章显得无病呻吟、牵强附会。这些记流水账的文章，显然无法吸引阅卷老师的眼球，难得高分。

（3）幼稚浅薄。

有的考生像小学生一样仍然喜欢用"虎哥""狼弟""春天姐姐"等幼稚的口吻进行叙述，这样的文章固然一派天真之气，却因浅淡寡味而显得稚嫩有余，厚重不足。

（4）陈腔滥调。

在中考作文中，常常看到像"雨中送伞""生日送礼物""父母教骑单车""周末登山""玩手机游戏"……这些材料缺乏新鲜感，老生常谈，难得高分。

设计意图：罗列考场作文因选材不当难得高分的现象，引起学生高度注意，于头脑中对比自己以往考场作文的过失，针对性强，为下一个教学环节做好铺垫。

2. 选材原则

（1）准。在准确审题的基础上提炼文章主题，围绕主题进行选材是第一要义。如果不看材料是否对路，不分主次，捡到篮里便是菜，胡子眉毛一把抓，这样做的后果，轻则内容杂乱，喧宾夺主，不能突出表现主题；重则跑题，劳而无功。

（2）小。选材宜小不宜大，通过生活中典型的"小事情"表现大而深刻的主题。如《背影》《散步》等。

佳作展示：学生在欣赏佳作时思考文章选材的特点。

一路牵手

广东一考生

很小的时候，母亲便牵着我的手，教我学会了走路。从此，母亲便牵着我的手走过石桥，走过石径，走过岁月，每次牵手的瞬间，都是那么的难忘！

转眼间，我七岁了。母亲又牵着我的手把我送进了学堂。依稀记得当时母亲的手好白皙、好柔软。牵着母亲温暖而有力的大手，幸福的感觉彻底淹没了我。尽管我学会走路了，但我总找出各种理由牵母亲的手，因为，温暖和幸福瞬间遍布全身。

直到那一次，我发誓再也不牵母亲的手了。

那是一个怎样的秋日啊，天高气爽，万里无云。当母亲牵着我的手走过村头的小桥，我突发奇想，要母亲牵着我的手飞过去。在我陶醉在奔跑的狂喜中时，母亲突然大叫了一声，跟跟跄跄停了下来，脸上显得非常痛苦，好像眼泪都要流下来了。原来母亲的手被我在狂跑中拉脱臼了。望着医生给母亲治疗时母亲那痛苦的表情，年幼的我一瞬间感觉到无比的心疼，自此我便暗下决心：再也不让母亲牵我的手了。

时间的车轮在快速旋转，我慢慢地长大了，真的再也没有和母亲牵过手。在异地求学的我，偶尔也会想起母亲，想起童年的点点滴滴，但却没有想到过母亲牵我走过的那段日子。直到有一天，当我看到一位年轻的母亲牵着一个蹒跚学步的小女孩时，岁月的风铃摇醒了我沉睡的记忆，我的心不禁被震住了。久违的感动又被唤醒，我不禁热泪盈眶，在泪光盈盈中，我有种想回家和母亲牵手的冲动。

回到家中，我和母亲相互凝视了许久，母亲高兴地说我长大了，我发现母亲也明显苍老了，"丝丝白发儿女债，道道深纹岁月痕"。我放下行李，牵着母亲的手轻轻地说："妈，我们出去走走吧！"母亲显得有些惊讶，然后很高兴地和我出去了。

又是村头的小桥，又是当年的母亲，母亲的手也一如当年一样温暖而有力，却不再白皙、柔软，她的皮肤黝黑而粗糙，有的地方还有一道道裂口，结满了厚厚的茧。牵着母亲的手，摸着她那嶙峋的瘦骨，我仿佛触摸到的不是她的手，而是她大半辈子的沧桑。

就这样，母亲和我一起牵着手，度过了她近年来最愉快的一天。我想说："妈妈，我要您每天都快乐，我定会珍惜与你牵手的每个瞬间，走过四季，走过风雨！"

师生讨论明确：

文章的特别之处是选材真实感人、十分典型，具有小、稳、准、狠的特点，这是文章能拿高分的取胜之道。

文章选材集中，文不离"手"，极为紧凑：牵手→不牵手→再牵手→永牵手，心理波澜不断，情节跌宕起伏，每个波澜都掀开一次母女深情的外衣，袒露出真心。其中对比描绘母亲手的变化，不算最详，却是点睛之笔，升华主题。

设计意图：佳作展示的意图主要是让学生阅读考场作文佳作，从中借鉴别人选材的经验，以"小"作为选材的突破口，提升学生考场作文的选材能力。

（3）变。这里所讲的"变"，主要是妙用旧材，写出符合考场作文要求的文章，这无非是一条捷径。

教师用PPT展示作文题目和一位同学发表过的文章《"小绿"的眷恋》，思考《"小绿"的眷恋》这篇文章是否能够通过"变"改写成符合考场的作文。

"草，在结它的种子，风，在摇它的叶子，我们俩站着不说话。"在顾城的诗里，陪伴就是这样简单而美好。陪伴是一种力量。在这个世界上没有一个人是孤岛，失去了陪伴，也失去了生存的意义。陪伴很温暖，它意味着在这个世界上有人愿意把最美好的东西给你，那就是时间。当然陪伴也是一个很平常的词，日复一日，年复一年，到最后陪伴就成了一种习惯，就像夫妻之间的陪伴，同学之间的陪伴，父母孩子之间的陪伴。

细读以上文字，拟一个以"陪伴"或含有"陪伴"两个字的题目进行写作。

要求：（1）写一篇不少于700字的文章，文体不限，应该穿插至少两种表达方式。

（2）思想健康，叙事完整，写出真情实感。

（3）书写认真，力求工整、美观。

（4）凡涉及真实的班名、人名，一律用英文大写字母A、B、C……代替，如A班、B同学等。

PPT展示发表的作品。

"小绿"的眷恋

难得周日有空，我悠闲地坐在阳台的藤椅上，望着从空中翱翔而过的雁群，它们强而有力的翅膀掠过道道美丽的弧线。这时，我想起了那件难以忘怀的往事。

那是2014年的冬天，爸爸刚从深圳培训回来，特意给我买了两只虎皮鹦鹉。我喜出望外，说了声："谢谢老爸！"便一个箭步来到鸟笼旁观察这两只鹦鹉。它们一公一母，公的鼻子蓝色，全身的羽毛黄绿相间，绿色居多，叫"小绿"；母的鼻子红褐色，全身的羽毛灰蓝相间，蓝色居多，叫"小蓝"。两只鸟都拥有一双黑不溜秋的眼睛，那么的有灵气，太漂亮了！我心想：一定要把这两只鸟照顾得好好的。

接下来的日子过得十分的快乐。我每天除了好好上学之外，回家第一件事就是给鸟儿们换水换粮，逗着它们玩，最开心的是它们吃饱喝足后站在我的手掌上，用尖硬的嘴巴啄着我的手指，好像在表示着对我的谢意。在我精心的照料下，它们长得更好看，显得更活泼了。

可是，好景不长，厄运发生了。

那是2017年4月12日下午1点多钟，我正准备如往常一样去上学，习惯性地来到鸟笼旁边抚摸着它们的小脑瓜儿告别。哪知此时公鸟趁我不注意，脚底生风似的，直接钻了出来，飞出了阳台。我心里一愣，便马上跑到阳台旁，我望着那一团绿色的羽毛，离我越来越远，直至在我的视线内消失。"小绿"飞走了，我的心伤透了。此时，笼子内的"小蓝"发出凄凉的叫声……

我伤心极了，生活一下子失去了好多的乐趣，学习上也是魂不守舍的。爸爸妈妈见我这模样，也挺心疼，给我说了好多安慰的话，可我还是没办法缓过来。

这一天，我无精打采地从学校回到了家里。突然，我听到了阳台的鸟笼传来了两只鸟的叫声，难不成"小绿"自己飞回来了？我立马奔向阳台，那团熟悉的绿色映入我的眼帘，是"小绿"吗？我细细地辨认了起来，可结果却令我大失所望！这不是原来的"小绿"！这时妈妈告诉了我真相：原来是爸爸见我近日这样消沉，心疼我，就给我又买了一只绿色的虎皮鹦鹉。虽然新的"小绿"不能代替原来的"小绿"，但随着新"小绿"的到来，我的心情确实也好了很多。感谢老爸的用心良苦！

经历了这件事，我明白了人在拥有美好的同时也有可能失去这美好，一旦失去了，我们要懂得调整好心情，不要过分沉浸在伤痛之中，要学会跟曾经的美好、往事轻轻挥手，告个别，整理好行装，去迎接未来更多的美好。

师生讨论明确：

（1）题目可以改为"心灵的陪伴"，题材可以选择爸爸在"小绿"飞走前后对"我"的爱。

（2）题目可以改为"人鸟陪伴"，题材主要写"我"和"小绿"之间亲密无间的相互陪伴。

考场作文由于时间限制，最好选择熟悉的材料行文，让自己写过的作文经过"改头换面"成为一篇新的佳作，拿取高分也就不奇怪了，所谓考场的满分作文都不是在考场上写出来的，说的就是这个理。

设计意图：通过妙用旧材的训练，让学生明白高分的考场作文往往是平时训练的结果，提醒学生平时写过的佳作要善于积累，以备考场上发挥作用。

（三）巧妙构思

师：大凡天下文章，结构大体分为两种：一是总分结构，二是逻辑结构。

好的文章结构能够体现作者的行文思路，材料详略安排得当，有一种骨骼清奇、赏心悦目的形体魅力，容易吸引评卷老师的双眸，备受青睐。

1. 巧借经典

初中生学习谋篇布局的最好模板在哪里？就在平时学过的经典美文里。下面以经典美文的篇章结构为范例，学习几个常用且好用的结构模式。

（1）以《走一步，再走一步》为例，学习"一事一理"的结构方式。

教师展示PPT，学生讨论。

文章结构	相关内容	示范学习：《那一次，我学会了钓鱼》
起因	别出花样，去爬悬崖	
经过	伏在石架，进退两难	
结果	父亲指点，摆脱困境	
悟理	分解困难，赢得胜利	

师生讨论明确：

起因：爷爷与"我"，一起钓鱼。

经过：浮躁心烦，鱼不上钩。

结果：爷爷教导，心静鱼来。

悟理：耐心静气，方能成事。

（2）以《背影》为例，学习"反复渲染"的结构方式。

教师展示PPT，学生讨论。

文章结构	相关内容	示范学习：《难忘母亲的微笑》
一写背影	怀念父亲，惦记背影	
二写背影	望父买橘，刻画背影	
三写背影	父子分手，惜别背影	
四写背影	别后思念，再现背影	

师生讨论明确：

一写微笑：母亲微笑，难以忘记。

二写微笑：竞赛成功，微笑赞美。

三写微笑：考试失败，微笑鼓励。

四写微笑：人生得失，微笑相随。

请同学们仿照上面表格，自己尝试收集和设计更多的作文谋篇布局的结构方式。

以《　　　　》为例，收集、设计结构方式。

文章结构	相关内容	示范学习：《　　　》

设计意图：以上通过示例，展示学生所熟悉的经典美文结构模式，给出示范学习的案例，设计相关的练习，操作性极强，有利于提高学生安排文章结构的能力。

2. 练熟一招

师：考场上的作文，我们一般情况下采用总分结构：引用、排比句开头，引出下文——段落采用中心句开头，继而展开叙述、描写、穿插抒情议论（注意过渡）——排比抒情结尾、议论升华主题。

小标题、题记式、书信体、对比式、一线串珠法……

从中挑出最适合的一款，因为适合的才是最好的！招式不在多，而在精、在熟。

（四）课堂小结

选材宜小不宜大，宜真不宜假，宜新不宜俗，结构严谨完整，避免杂乱无章。坚持一个中心，选材集中，主次分明，结构详略得当，井然有序。

（五）板书设计

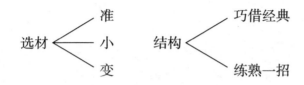

设计意图：抓住重点，一目了然。

四、教学反思

该教学设计具有两个最突出的特点：一是针对性强；二是操作性强。

针对性强主要是指该教学设计能够立足学生中考作文在选材和构思两个方面出现的问题进行设计。在选材方面，该教学设计针对学生中考作文"假大空""记流水账""幼稚浅薄""陈腔滥调"的现象，提出"准""小""变"的选材策略，针对性强。在构思方面，该教学设计针对学生中考作文结构杂乱无章的现象，提出"巧借经典""熟练一招"的结构策略，针对性强。

操作性强指的是该教学设计所提供的练习案例易于学习和操作。在选材操练方面，教师遵循"准""小""变"的原则，提供了《一路牵手》《"小绿"的眷恋》两个选材典型例子，为打开学生的选材思路提供了范例。在构思方面，教师以《走一步，再走一步》和《背影》为例，教给了学生"一事一理"和"反复渲染"的结构模式，操作性极强。

该教学设计教学价值高，易于操作。

语文·思考

思考

是对过去种种教学行为的总结提炼

思考

是一位教师成熟的标志

思考

犹如黑夜中的一盏明灯

指引你

走向黎明

走向诗和远方

那里

是一个阶段的终点

又是一个新的起点

借课文教语文

——以统编版教材七年级上册第一单元教学为例

陆丰市龙山中学　柯泽华

初中语文教学现状不容乐观，何故？好多一线初中语文教师潜意识里认为只要把每一册的课文教完就算完成教学任务了，结果导致出现学生学习了六册语文，问他们学了什么，学生却支吾答不出的现象。更令人担忧的是，这些教师的授课模式呆板单一、毫无生气，只是带领学生给课文分段落，概括段落大意和主题思想。像这样为了教课文而教语文的做法，根本谈不上借助教授课文教给学生学习语文的方法，更谈不上培养学生学习语文的能力和提升学生的语文核心素养。这些问题说明了好多一线初中语文教师对教材和课程标准的研究十分欠缺，对语文教学的定位模糊不清。

语文教学的定位，在课程标准中有着明确的界定：通过借助语文教材进行有效的语文教学活动，让学生正确理解和运用祖国的语言文字，不断提升学生的语文综合素养，为其他学科的学习打下良好的基础，形成正确的世界观、人生观、价值观。作为新时代的初中语文教师，应当把培养富有创新思维、必备能力和必备品质的人当作语文教育教学的目的。

再反观选入现行统编版语文教材的课文，都是经过教材编委会专家们深思熟虑、千挑万选才编入教材的，它们都是思想深刻、文质兼美的文章，都是可以帮助学生学习和借鉴运用语言文字的好素材，都是培养学生语言建构与运用、思维发展与提升、审美鉴赏与创造、文化传承与理解的经典作品。这些课文，只有加以挖掘和利用，才能充分发挥其培养学生学习能力和提升语文综合素养的教学作用。

所以，作为一线初中语文教师，是为教课文而教课文，还是借课文教语文，这是课堂教学和教材处理应思考并解决的问题。处理得当，才能教有趣，学有味。那如何借课文教语文呢？下面以统编版教材七年级第一单元的教学内容为例，谈一些具体的做法。

一、挖掘课文教学价值，授之以渔，提高学生学习语文的能力

"语文教材无非是个例子"，这是叶圣陶先生从事半个多世纪语文教学总结出来的教学思想，阐明了语文教材的性质和在教学中的作用，教师要学会活用教材。歌德也说："题材人人看得见，内容意义经过努力可以把握，而形式对大多数人是个秘密。"教师带领学生理解文章的情感意境和语言表达呈现的规律，是准确把握课文"教什么"、设计"怎样教"的先决条件，也是不同学段、不同文体能否教得准的关键。目前，语文课堂教学借课文教学生学习和运用语言文字的"教语文"仍不尽如人意。如何落实借课文教语文？教师事先应该依据课标、编者意图和学情，挖掘课文的教学价值，定准教学内容和目标。

《义务教育语文课程标准（2011年版）》在七至九年级学段中的阅读方面提出"能用普通话正确、流利、有感情地朗读"的要求。统编版教材七年级上册第一单元的"单元提示"："学习本单元，要重视朗读课文，把握好重音和停连，感受汉语声韵之美。还要注意揣摩和品味语言，体会比喻和拟人等修辞手法的表达效果。"根据以上要求，结合统编版教材七年级上册第一单元《春》《济南的冬天》《雨的四季》三篇写景抒情散文的文体特点，以及语言优美、生动形象的文本特质，我们可以挖掘出这三篇文章共同的教学价值：①充分利用这些课文适宜朗读的特点，教给学生相关的朗读技巧，反

复训练，提高朗读水平；②结合课文相关的修辞示例，让学生重点体会比喻和拟人两种修辞手法的表达效果，从中掌握分析修辞手法表达效果的技巧；③结合课文示例，教给学生揣摩品味语言的具体方法，提高学生品评语言的能力。简单地讲，就是充分借助课文这些教学价值，提高学生学习语文的能力。

以《春》第2自然段的内容作为朗读训练材料，要求学生用着重号标明朗读重音的词语，并写出理由。

一切都像刚睡醒的样子，欣欣然张开了眼。山朗润起来了，水涨起来了，太阳的脸红起来了。

其中，"一切"表示范围，意思是所有、没有例外，突出春天万物复苏的特点，暗含作者内心欣喜的心情，故读重音。"刚"是副词，表示大地回春的初春季节特点，故读重音。"张""涨"是动词，表示春天万物复苏、一切生机勃勃的特点，故读重音。"朗润""红"都是形容词，点明了春山和润和春阳灿烂的特点，故读重音。

教师总结：重音应该是能够点染感情色彩的关键词。这类词往往存在于那些对表达丰富感情色彩、烘托气氛起着重要作用的比喻句、拟人句，以及其他形容性的形容词、动词、副词等词性的词语。通过这样的分析和总结，学生就会逐步把握文章的重音词语，准确地传情达意，增强朗读的感染力。

下面再以《春》第3自然段为例，要求学生标注下面文字的朗读停连。

坐着，躺着，打两个滚，踢几脚球，赛几趟跑，捉几回迷藏。

此处的"坐着，躺着"表现的是人们坐在草地上的随意、自由、惬意，应该稍做停顿，读轻声。而"打、踢、赛、捉"四个动词表现的是人们在柔软的草地上尽情戏耍的情景，朗读时应该越读越快，一口气连贯地读出来，才能表现人们陶醉在春天里的场景。通过教师示范指导，反复训练，学生逐步掌握朗读停连的技巧。

在这里，教师充分利用《春》这篇课文适宜朗读的特点，教给了学生朗读的技巧，反复训练，有效地提高了学生的朗读水平。

《济南的冬天》这篇课文语言生动形象，修辞手法运用巧妙，可以引导学生细加体味。例如，"这样，一道儿白，一道儿暗黄，给山们穿上一件带水纹的花衣；看着看着，这件花衣好像被风儿吹动，叫你希望看见一点儿更美的山的肌肤"。此句给人以无限的遐思：山们穿着一道儿白的雪和一道儿暗黄的草色裁剪成的花衣，而且这花衣还在不时地随风飘扬，又怎不引起读者想要瞧瞧山的肌肤，那肌肤怎样？它不由得又使人想起那暖暖的春色，那嫩绿的小草，那点缀的野花。这里用比喻、拟人的修辞手法写出了小雪覆盖下小山的风采和韵味。再如，"那点薄雪好像忽然害了羞，微微露出点儿粉色"，运用了拟人的修辞手法，写出了黄昏时山上的薄雪在落日余晖下的那种羞涩情态，可以说作者用巧妙的笔端把景物的神韵描写得淋漓尽致，令人叹服。诸如此类，教师应当运用好课文的这些教学价值，引导学生发挥想象力，理解感悟修辞手法在语言中的表达效果。

《雨的四季》这篇文章的词语和修辞运用十分精彩，也要引导学生揣摩品味。如"花朵怒放着，树叶鼓着浆汁，数不清的杂草争先恐后地成长，暑气被一片绿的海绵吸收着"，这几句话承接上面的"……大地就以自己的丰满而展示它全部的诱惑了。一切都毫不掩饰地敞开了"，其中"怒放""鼓着浆汁""争先恐后"等词语刻画出花朵、树木、草叶在夏季生长得茂盛，表现了事物"丰满"和"敞开"的特点，最后又以"海绵"这一比喻做结，新鲜而贴切。

朱自清《春》中"小草偷偷地从土里钻出来，嫩嫩的，绿绿的"是拟人句，形象地表达出了春天来临之际时到处生机勃勃的景象。"钻"字写出了春草破土而出顽强的生命力，"偷偷地"更写出了春草在我们不经意间就生长出来的情态，"嫩嫩的"和"绿绿的"则写出了春草鲜嫩的质地与生命本色。

通过分析，教师还应当教给学生赏析修辞手法和词语的方法。赏析修辞手法的方法：这是一个×××句+生动形象写出×××（对象的）×××（特点）+表达了作者×××感情；赏析词语的方法："×××"词写出了×××（对象的）×××（特点）+表达了作者×××感情。这样总结，让学生在赏析修辞手法和词语的时候，有"法"可依，进而提高学生分析修辞手法的表达效果和揣摩品味语言的能力。

二、定点训练，提高学生学习语文的能力

《春》是一篇多角度描写景物特点，字里行间洋溢着作者对春天喜爱之情的成功范作。作为教师，我们应当让学生学会抓住景物特点，采用多角度灵活运用恰当的修辞手法进行描写和抒情。如描写春草时，从春草破土而出的情态、质地、颜色、长势等方面进行描写，当中恰当运用拟人修辞手法，形象生动地写出了春草生命力顽强的特点。又如描写春风时，作者从触觉、味觉、听觉等角度描写了春风柔和的特点，巧妙运用了引用、比喻等修辞手法，表现了作者对春天的喜爱之情。教师要珍惜这些现成的教学素材，带领学生深入感悟作者描写景物的技巧以及语言的巧妙运用。教师要设置相关的训练。如要求学生模仿《春》的写法描写家乡秋天的某处景物，这样，学生才能把所学的内容转化为自己的东西，阅读能力和写作能力才能逐步提高。

《济南的冬天》这篇课文在写水部分，老舍抓住了水清亮和空灵的特点，灵活运用了比喻、拟人等修辞手法，让人读完后有身临其境的感觉。教师应带领学生深入其中，细细咀嚼，体味作者描写景物的高超手法，体味情寓于景不着痕迹的写法。如果我们当堂设置这样的教学活动：请同学们回忆游览过的某处瀑布或大海，先思考其"水"的特点，模仿课文中的写法，用150至200字写出其特点，要求恰当运用修辞手法。

经过这样的训练，相信学生对抓住景物特点，灵活运用修辞手法进行语言表达这一语文能力会有相应的提高。

除了以上所列的教学价值点和训练点之外，还可以根据学情对课文做出灵活的处理。如《春》在写作上是最可以让学生模仿的范作，其总分结构是特别明显的，学生经过一定次数的训练是比较容易掌握的。浙江工商大学西湖学者、教授吴炫说，《济南的冬天》这篇短文的叙述语调是平易朴实的，语言是凝练而亲切的，用词是准确而生动的，但最重要的是结构。它似乎无结构，但是内容的组合又是这么自然、精巧、恰当。如果我们任教班级学情很好的话，可以把《济南的冬天》的行文结构作为教学的价值点和训练点，

我们也可以挖掘出《雨的四季》分段描写春雨、夏雨、秋雨、冬雨的行文思路：春雨美丽而清新，夏雨热烈而粗犷，秋雨端庄而沉静，冬雨自然平静而柔和。这些文本在写作上的教学价值，如果加以挖掘和训练得当，定能提升学生在写作上谋篇布局的能力。

借课文教语文，其核心是教师能够根据课标要求、教材要求、文本特质、学情做出综合性的判断，独具慧眼挖掘出课文的教学价值，找准训练点，合理安排相应的训练，有效提高学生学习语文的能力。那么，提升学生的语文素养，才不是水中月、镜中花，才能找到落脚点和发力点。如果每位语文教师都能致力于这件事情，对语文教学来说真是善莫大焉。

提高课堂教学效率重在找准教学切入点

陆丰市龙山中学　柯泽华

现行的语文课堂教学模式多种多样，有高效课堂、生成课堂、本色课堂、灵动课堂……这些都是比较成功的课堂教学模式范例，均取得了很好的教学效果。经研究比较发现，这些课堂教学模式，其核心都是通过找到准确的教学切入点支撑起整个课堂的教学，教学效率特别高。提高语文课堂教学效率，其重心应该放在找准教学切入点上，这样才能牵一发而动全身，才能轻松驾驭整个课堂教学内容，教师才能进行有的放矢的教学，学生才能进行目的性明确的学习，提高课堂教学效率才能高效落地。

教学切入点指的是教师根据课程标准、编者意图和学情，深入研读文本形成自己的独特解读之后，找到一个传授知识、培养学生学习语文能力和提高课堂教学效率的最佳切入点与突破口。只有这样，才能"以无厚入有间，恢恢乎其于游刃必有余地矣"。

好的教学切入点，可以让整个课堂教学流程方向明晰，能够围绕主要的教学问题开展高效的教学活动，一条教学主线贯穿始终。其特点是教学问题设计新颖灵活，流程畅通无阻，思路明晰，环节紧凑，问答形式伸缩性强。此时，教师是学习支援者，学生是学习的主体，学生在教师有效的点拨下发生学习，思维得到不断的生发，课堂教学效率高。

著名特级教师钱梦龙说过："努力在每篇课文中找到一两个合适的问题，一个情节或一个句子，甚至是一个词……作为阅读赏析的突破口，由此入手阅读，可带动阅读走向文本的深刻处。"这句话很好地说明了教学切入点是阅读教学的突破口，起到引领学生深刻理解文本的作用。那么，为了提高课堂教学效率，如何寻找教学切入点呢？

一、于文章标题处寻找教学切入点

方智范教授认为：文眼就是切入点。标题是文章的眼睛和窗口，其作用往往揭示着文章的主要内容、主题思想、主要观点、行文线索……细心的教师，通过研究文章标题，往往能够找到巧妙的教学切入点，设计相关的教学问题并开展教学活动，课堂教学效率自然得到提高。

如教学《阿长与〈山海经〉》时，可以把文章的标题改为《阿长买〈山海经〉》，两相比较不难发现，两者表达的意思大相径庭。因为"与"字是连词，它表达的意思是阿长这个粗俗的保姆在鲁迅心目中的地位跟《山海经》的地位是同等重要的，传达出了鲁迅对阿长深深的感念之情。如把"与"字改为"买"字，就变成了动词，表达的只是保姆阿长为鲁迅买《山海经》这一件事情了，缺乏强烈的感情色彩。根据这个发现，可以设计相关的教学问题：如果把文章标题中的"与"字改为"买"字，表达的意思相同吗？请同学们结合课文内容分析其不同的表达效果。这样的问题设计，既能够引导学生深入阅读文本，快速把握课文的整体内容和思想感情，又有效地提高课堂的教学效率。

再如，教学《智取生辰纲》时，熟悉小说《水浒传》的教师就能发现，原著第十六回回目"杨志押送金银担，吴用智取生辰纲"是有问题的，"押送"和"智取"的词性不一样，没有对仗。我们可以此为教学切入点设计教学问题：请同学们细读小说，根据小说的故事情节找一个可以替代"押送"的词出来，使其与"智取"对仗。经过合作探究，学生还真的找出好多词语出来；其中，找到的好词莫过于"苦送"了，"苦送"不仅符合情节，而且符合杨志这一人物的人生处境，真是"妙哉"！

又如，在教学《说和做——记闻一多先生言行片段》和《从百草园到三味书屋》这样的文章时，因其标题本身就揭示了文章的主要内容，就可以

115

选择"破题"的方式寻找教学切入点，设计相关的教学问题。教学《说和做——记闻一多先生言行片段》时可以设计这样的教学问题：文章从哪些方面写了闻一多先生的说和做，表现了闻一多先生的哪些精神品质？教学《从百草园到三味书屋》可以设计这样的问题：从标题我们可以看出这篇文章写了哪两个方面的内容，作者分别是怎样写的？表达了什么样的思想感情？

通过文章标题找教学切入点，能够达到让学生快速整体把握文章内容，直指教学目标，提高教学效率的目的。

二、于文本细节处寻找教学切入点

在备课时，教师如能通过细读深研文本关注细节，往往会寻找到奇妙的教学切入点，收获"山重水复疑无路，柳暗花明又一村"的惊喜效果。

在教学《小石潭记》时，教师如果注意到结尾"隶而从者，崔氏二小生，曰恕己，曰奉壹"，就会敏感地追问："崔氏二小生"何许人？他们到永州有何贵干？不查不知道，一查吓一跳。原来"崔氏二小生"是柳宗元的两个亲外甥，当时柳宗元的姐夫崔简权刚逝世不久，兄弟俩护送父亲的灵柩经过永州找舅舅柳宗元。另外，当时柳宗元自己被贬，妻子和女儿也相继逝世不久。补充上这些写作背景材料，柳宗元在文中流露出来的"凄神寒骨，悄怆幽邃"也就不难理解了。如果教师教学时多加关注文本细节，从中寻找教学切入点，对文章思想感情的把握就会更准确到位。

又如，在教学《核舟记》时，教师如果注意到课文对作者魏学洢的注释时，就会发现他的生卒年（约1596—约1625），这说明魏学洢的寿命很短，才活了29岁左右。细心的教师会问："魏学洢的人生经历是怎样的？为何寿命如此之短？是生病而亡还是有非凡的人生经历？"细细查找《核舟记》的写作背景之后，惊喜地发现魏学洢之父魏大中当时上表弹劾朝中权贵魏忠贤，惨遭报复，锒铛入狱。年轻的魏学洢一方面想尽办法营救父亲；另一方面又要躲避追杀，日子真是祸不单行、身心疲惫。这时候，作为好朋友王叔远送给魏学洢一枚刻有苏东坡游赤壁的核舟，希望魏学洢积极乐观地面对生活。从这里找寻教学切入点，我们就不会把《核舟记》这篇文章单纯当说明文来教，而是很好地挖掘文本的文化价值出来，让学生体悟到此文在思想上的深度性和文化价值。

只要教师细细研读文本，另辟蹊径寻找准确、新颖的教学切入点，教学就能避免千篇一律，出现另一番新景象、新境地。

三、于关键词语处寻找教学切入点

在实际教学中，如能抓住某些关键词语，细加推敲品味，往往能寻找到不错的教学切入点，起到"一字立骨"的教学效果。

如在教学《秋天的怀念》时，我紧紧抓住第1自然段中的"忍"字，通过"忍"字小篆字形分析其心如刀割的含义，并设计教学问题：母亲在"忍"什么？引导学生深入阅读文章，理解母亲在忍耐儿子双腿瘫痪、脾气变得十分暴躁的同时，还要整宿整宿忍受自己身患肝癌的身体折磨的不容易，深刻感悟母爱的伟大！找出这样的教学切入点，我们就能借"一字立骨"贯穿整个教学，驾驭整个课堂，化繁为简，教学效果自然上乘。

又如，在教学《老王》时，同样可以抓住文章结尾"愧怍"这个词。首先让学生结合注释理解该词的含义，然后抛出问题：杨绛为什么会愧怍？请结合全文内容加以分析。通过对文本深入品读，最终师生达成共识：那是因为老王一直以来把杨绛一家人当成亲人看待，而"我"却把老王当朋友，或者把他当成一个蹬三轮拉货的人看待。如果能找到这样的教学切入点，就能很好地解决教学中的难点，才能用"情"震撼学生的内心，达成教育学生关注"小人物"命运的教学目标。

四、于文本关键语句处寻找教学切入点

沿用上文《老王》的教学例子。《老王》一文的结尾："几年过去了，我渐渐明白：那是一个幸运的人对一个不幸者的愧怍。"这句话中有三个关键词语，即"不幸""幸运""愧怍"，"不幸"是对老王而言的，而"幸运"和"愧怍"是对作者而言的。聪明的教师就会发现这是理解《老王》这篇文章的一把钥匙，是非常好的教学切入点。据此可以设计相关的教学活

动。如寻找并理解老王的不幸表现在哪些地方？学生很容易找出相关的内容。老王自身的不幸有：①他靠着活命的只是一辆破旧的三轮车。有个哥哥，死了，有两个侄儿，"没出息"，此外就没什么亲人。②老王只有一只眼，另一只是"田螺眼"，瞎的。……有人说，这老光棍大约年轻时不老实，害了什么恶病，瞎掉了一只眼。他那只好眼也有病……我女儿说他是夜盲症。③家住荒僻的小胡同，一个破破落落的大院，里面有几间塌败的小屋。这里由老王自身情况再到他的家庭和生活状况，从这些可以看出老王的不幸。但是，这只不过是表层次的理解，还应当引导学生深层次地理解老王给杨绛一家人做"送冰""接送人""送鸡蛋和香油"这些事情的时候，杨绛给老王的是钱，而对老王的善良、爱心、尊严、人格是不够尊重的。这才是老王最大的不幸！理解了老王的不幸，就不难理解作者杨绛的"幸运"和"愧怍"了，因为作者的幸运是建立在老王"不幸"的基础上的，如果没有对老王"不幸"的深刻反省和感悟，作者也不会产生心灵上的"愧怍"。作者的幸运不只在此，还有她感悟到了老王的"不幸"本身就是一种"幸运"。像这样通过文本的关键语句寻找教学切入点，就能够很好地带领学生不断地深入理解文本，与文中的人物进行心灵的对话，深刻领悟《老王》中的"幸"与"不幸"是相对而言的。这样，学生的阅读能力自然会得到锻炼和提高，思维的品质才会提升。

教无定法，寻找教学切入点的方法也是多种多样的。但有一点是一样的，要想找准教学切入点，必须建立在准确深刻理解文章的基础上，深入准确地解读文本，才能设计出有针对性的教学问题，才能开展高效的教学活动，才能提高学生理解文本的深刻性、锻炼思维品质、提高阅读能力。所以说找准了教学切入点，就找到了教学的有效支点，它是高效提高课堂教学效率的助推器，是"牵一发而动全身"的"一发"，是"画龙点睛"中的"睛"。

悬念设置法在阅读教学中的巧妙运用

陆丰市龙山中学　柯泽华

悬念是文学作品、电影、戏剧等艺术常用的表现手法。巧妙的悬念设置，往往能造成强烈的矛盾冲突，吸引读者阅读兴趣和引起观众猎奇心理。同样，在语文课堂阅读教学中，教师如能巧妙运用悬念设置法，就能在设悬和释悬的教学过程中起到激发学生学习兴趣、求知欲望，吸引学生学习注意力高度集中的作用，收获"众里寻他千百度，蓦然回首，那人却在，灯火阑珊处"的教学效果。

一、巧设悬念，激趣入课

导入是教师在进行新的教学内容之前，引导学生尽快进入学习状态的教学行为。导入是为新内容的呈现搭桥铺路的过程，是激发学习兴趣、唤起求知欲望、打开思维闸门、调整好积极投入学习状态的过程。

培根说："知识是一种快乐，而好奇则是知识的萌芽。"在实际的语文教学中，教师如能巧设悬念导入新课，则能激发学生学习新知识的好奇心理。悬念就像一条引燃思维风暴的导火线，为学生集中注意力探索新知识埋下良好伏笔。俗语说，"良好的开端是成功的一半"，设计好导语，我们的教学就成功了一半。激趣入课的方法有很多种，其中悬念设置法是一种富有奇效的方法。

例如，教学《藤野先生》可以设计这样的导语：

1936年，鲁迅因为劳累过度肺疾发作，永远离开了。得知鲁迅逝世的消息，远在日本的"他"悲伤不已，彼时"他"已经62岁了，拖着佝偻的身躯，在鲁迅照片上写下"谨忆周树人君"六个字，这个"他"指的是谁？"他"和鲁迅先生生前是什么关系？两人之间有何人生交集？鲁迅先生的死为何让他悲恸不已？促使他提笔在鲁迅照片上写下"谨忆周树人君"令人感动不已的六个字。今天，让我们跟随鲁迅先生的思绪一起来学习《藤野先生》，并一一解答上述的诸多问题。

这样巧妙的导语设计，悬念迭起，疑问重重，为后面的教学活动留下了足够的教学填补空间，为学生理解《藤野先生》这篇回忆性散文架设了一座桥梁。

再如，教学《木兰诗》可以借助著名豫剧《花木兰》的经典片段《谁说女子不如男》的歌词"刘大哥讲话理太偏，谁说女子享清闲……有许多女英雄，也把功劳建，为国杀敌是代代出英贤，这女子们哪一点不如儿男"来设置教学悬念：这戏文中为女子鸣不平的人物是谁？她做出了与一般女子哪些迥然不同的事情？其人物形象为何历经千百年之久依然在人们的心目中熠熠生辉？这样借歌词设置悬念导入新课，目的在于激发学生的学习兴趣和求知欲望。学生通过围绕上述问题阅读文章，讨论思考，就能够快速整体把握诗歌内容和理解木兰这个人物形象的人格魅力。很显然，这样的悬念设置对提高教学效率是十分有帮助的。

二、巧设悬念，援疑质理

悬念设置法在教学的导入阶段虽然能收到不错的教学效果，但是学生的学习激情和思维活跃度是有一定的保鲜度的，时间一长，保鲜度就会消失殆尽。所以，一堂课中，教师如果不能比较长久地让学生保持高度注意力和思维活跃性，教学的效率和效果自然大打折扣，那么就有必要继续运用悬念设置法，引导学生援疑质理，高质量完成教学任务。全国特级教师于漪在谈及自己的教学经验时说："教学过程实质上就是教师有意识地使学生生疑、质疑、解疑、再生疑、再质疑、再解疑……的过程。在此循环往复、步步推进的过程中，学生掌握了知识，获得了能力。"张载也说："在可疑而不疑者，不曾学；学则须疑。"这都说明了"疑"在学习过程中的重要性。要让学生生疑、质疑、解疑，把教学一步一步推向高潮，悬念设置法是一种不错的教学方法选择。

为了让学生更好地理解文章主题，在教学《走一步，再走一步》时不妨设置这样的教学悬念：当一个自幼身体病弱、胆子怯懦，身边玩伴离你而去的"我"身处上不去下不来的困境时，其内心的惊恐程度是可想而知的，最后"我"脱险了吗？如何脱险？这样的脱险经历给"我"的人生带来了什么样的宝贵经验？设置这样的悬念，目的无非是再次调动起学生的学习兴趣和探究问题的欲望，通过援疑质理，学生获得新的阅读体验，学习保鲜度得到了保证。

有时，阅读教学悬念设置法运用得当，就像福尔摩斯探案一样，通过层层抽丝剥茧，最后揭开谜底，取得意想不到的教学效果。

如广东省特级教师、正高级教师何泗忠在教学《桃花源记》一文时，通过让学生解释词语和翻译文章的第4自然段"既出，得其船，便扶向路，处处志之。及郡下，诣太守，说如此。太守即遣人随其往，寻向所志，遂迷，不复得路"之后，采用倒叙追问法设置悬念：请同学们认真阅读全文，从文中寻找渔人迷路的理由，然后分组交流讨论，以课文为依据，给大家做个合理的解释。这样的悬念设置充分激发了学生强烈的探究兴趣，学生通过深读细研、寻章摘句，得出了有理有据的答案。下面截取相关教学实录如下。

生1：我们组先说。渔人去桃花源的路上，就处在恍恍惚惚的精神状态之中。

师：是吗？从哪里看出渔人恍恍惚惚？

生1："缘溪行，忘路之远近"说明他顺着溪水行船，忘记了路的远近。"忘路之远近"，可见其精神恍惚。

师：嗯，有道理。

生1："忘路之远近"难以留下鲜明的印象，故再也找不着路，找不到桃花源了。

师：一个人在恍惚的精神状态下，好像做梦一般，确实对经历过的事情难以留下鲜明的印象，这个解释合理。

生2：（生怕别人说了，赶快站起来发言）他不是有意去寻找世外桃源，而是在无意中突然发现的。

师：无意中突然发现，原文有依据吗？

生2："忽逢桃花林"，可见是意外发现、突然发现的。

师：言之成理，有意思。意外发现，渔人心情怎样？

生2："渔人甚异之。"渔人非常吃惊，忽然遇到一片桃花林，心中狂喜，容易得意忘形。因此难以留下鲜明的印象，故再也找不到桃花源的路了。

师：你从渔人心理角度分析，很有道理。

生3：我们组也来说说我们的看法。

师：好。

生3：桃花源人警惕性很高。

师：哦，从哪儿可以看出？

生3："见渔人，乃大惊，问所从来。"桃花源人一见渔人，就一惊一问。

师：为什么见到渔人会大吃一惊？

生3：估计渔人的神态和外貌与桃花源人不一样。

师：怎么个不一样法？

生3：渔人是从外面而来，外面的世界很乱。

师：何以见得外面的世界很乱？

生3：从文中"问今是何世，乃不知有汉，无论魏晋。此人一一为具言所闻，皆叹惋"得知，渔人所处的外面世界正是魏晋动乱时期。

生4：从"问今是何世，乃不知有汉，无论魏晋"得知，如今是魏晋时期，社会十分动乱，桃花源人不希望外面的人来打扰他们宁静的生活，发现渔人出去后"处处志之"，猜想他肯定会带人来，因此就会想法让其找不到路。

师：桃花源人希望外面的人不打扰他们宁静的生活，因此会想法让其找不到路。那么，这办法到底是什么呢？假如你是桃花源人会怎样做？

生4：老师，我有办法，进入桃花源，只有一个小口，"初极狭，才通人"。

师："才通人"，"才"是什么意思？

生4：是仅仅的意思，即洞口很狭窄，仅容一人通过。因此，这个洞口很容易封闭，估计桃花源人知道渔人会泄密，故用水泥封闭了洞口，使渔人"遂迷，不复得路"。

（风趣幽默的解释引得师生会心一笑）

从柯老师引导学生探究"不复得路"的整个过程中，不仅落实了字词的解释，更重要的是通过倒叙追问法设置悬念，一步一步引领学生深入文本，答案虽不拘一格，却水到渠成。这不仅培养了学生生疑和释疑的能力，而且让学生的思维品质在相互碰撞中得到了提升。

三、巧设悬念，拓展延伸

在阅读教学的实际中，会遇到很多本身就悬念迭起的文章，如果加以利用，再次设置悬念，布置相关的学习任务，就能起到拓展延伸文本、拓宽学习思路、培养学生发散思维的作用。

如《孔乙己》的结尾"我到现在终于没有见——大约孔乙己的确死了"就设下了悬念，孔乙己究竟死了没有？谁也不知道。如果利用这个悬念设置教学问题：假设孔乙己没死，并且发了大财，衣锦还乡重新回到咸亨酒店，请同学们想象一下会发生什么事情，并用500字描绘当时可能发生的场景。这样的悬念设置不仅能够放飞学生的写作想象力，同时也让学生对理解孔乙己这个"苦人儿"的人物形象所处的社会现实有了更深刻的理解。

在教学中，我们有时候也可以采用逆向思维来设置悬念，达到加深理解文章主题和培养思维品质的目的。如教学《我的叔叔于勒》时，可以通过逆向思维来设置教学悬念：如果我们在船上碰到的不是穷困潦倒的于勒叔叔，而是挣到大钱、满面春风得意的于勒叔叔，那相逢的场面又是怎样的呢？这样自然引导学生充分发挥想象力和推理能力，通过合作探究，加深理解资本主义人与人之间的关系实质就是赤裸裸的金钱关系，毫无亲情可言这一小说主题。

　　总之，设置悬念是一种十分巧妙的艺术手法，有着引人入胜的艺术效果。教师如能恰当地将其移植到阅读课堂教学中，通过巧妙设疑释疑，营造波澜起伏的课堂气氛，学生的思维将得到不断的碰撞和升华，会收到意想不到的教学效果。

初中文言文教学中知人论世法的巧妙运用

陆丰市龙山中学 柯泽华

"知人论世"是进行文学批评与鉴赏的重要方法。韦勒克和沃伦在《文学理论》中说："一部文学作品最明显的起因，就是它的创造者，即作者。"《孟子·万章下》："颂其诗，读其书，不知其人，可乎？是以论其世也。是尚友也。"这些都告诉我们，要读懂作品的内涵和作者的创作意图，必须"知其人，论其世"。所谓"知人"，即要全面了解作者各方面的情况；所谓"论世"，是指作品所反映的时代背景和所处的社会状况。

把知人论世法引进初中文言文教学，大家的看法褒贬不一。有人认为不妥，主要原因是运用者把知人论世法等同于写作背景的简单呈现，呈现的材料没有经过精心挑选，过多的堆砌导致学生的思维受到束缚，对学生阅读能力的提升及思维发展空间的拓展十分不利。知人论世法如果运用恰当，能够帮助学生很好地理解距离我们时空遥远的文言文内容，能够帮助学生读懂、读深文言文文意，走进人物的内心世界，从而提高学生对文本内容的感悟能力和审美能力。那么，如何巧妙地运用知人论世法呢？

一、于文本存疑处巧用知人论世法

在文言文教学过程中，文本当中往往存在一些看似很容易理解，其实富有深意却容易被学生忽略的内容，这就需要教师要独具教学慧眼，巧妙运用知人论世法，才能把学生引向文本的深处，走进作者的内心深处，读出文本隐含深意的另一番境界，体悟文本独特的思想感情。

如教柳宗元《小石潭记》一文时，文章结尾处交代了同游者（吴武陵，龚古，余弟宗玄。隶而从者，崔氏二小生，曰恕己，曰奉壹），学生对此处的学习层面往往只停留在对原文的翻译和交代同游者上，缺乏深入理解。此时，教师如能及时出示相关材料，巧用知人论世法，就能帮助学生很好地理解文本的内容及作者的思想感情。

材料一：崔氏二小生指的是柳宗元的两个亲外甥，一叫崔恕己，一叫崔奉壹；其父崔简权，彼时已去世，崔恕己和崔奉壹护送父亲灵柩来永州找母舅柳宗元。

材料二：此时，柳宗元的妻子和女儿也相继去世。

补充这两则材料，有效地帮助学生解决了两个问题：第一，结尾交代的崔氏二小生不是像学生之前理解的只是跟随柳宗元游玩的普通年轻后生，他们是柳宗元的两个亲外甥，与柳宗元同游小石潭，目的是排遣郁闷心情，互相勉励，乐观面对生活。第二，更能让学生理解文中的"凄神寒骨，悄怆幽邃"这八个字所包含的作者内心凄苦之情，这种凄苦不但来源于仕途坎坷，更来源于亲人相继离他而去的打击，这种凄苦绝不是一时半会儿游玩一下小石潭就能排遣得了的。实际上，此时亲人之间的相互陪伴，更是他乐观豁达面对人生种种不幸遭遇的精神动力。

结合材料再次深入文本跟作者的心灵对话，学生对文章结尾这一笔看似平淡无奇的交代才会有深入的理解和深刻的感悟。这种知人论世立足于文本，兼顾学情，让学生经历了一次深度学习的旅程，既解开了文本的疑惑，又加深了学生对文本的理解，可谓一举多得。

二、于学生疑惑处巧用知人论世法

文言文中的事、理、情如果在文中有明确的表达，学生凭借自己的知识储备或学习经验就能领会理解，此时，教师还做知人论世，就显得画蛇添足了。如果表达比较含蓄，难以理解，这时就可以借助知人论世法帮助学生理解文本。

如《桃花源记》一文写道："既出，得其船，便扶向路，处处志之。及郡下，诣太守，说如此。太守即遣人随其往，寻向所志，遂迷，不复得路。"学生读到这里，自然会产生疑问：渔人处处志之，为何寻向所志，遂迷，不复得路？

为了解决这个问题，除了引导学生从"忽逢桃花林""自云先世避秦时乱，率妻子邑人来此绝境，不复出焉，遂与外人间隔""此中人语云：'不足为外人道也。'"这些句子蕴含的信息中，探究为何渔人"处处志之"结果却"寻向所志，遂迷，不复得路"的原因之外，更应该引导学生从知人论世的角度来理解这个问题。此时，教师应当适时补充教学材料如下。

材料一：陶渊明，性格耿直，不慕名利，清明廉正，不愿卑躬屈膝，攀附权贵，这与当时黑暗污浊的社会现实格格不入。东晋义熙元年（405），他坚决辞去了上任仅81天的彭泽县令，与统治者最后决裂，长期归隐田园，躬耕僻野。

材料二：陶渊明人虽远在江湖，心却系国家政事。东晋元熙二年（420）六月，刘裕废晋恭帝为零陵王，改年号为"永初"。次年，刘裕采取阴谋手段，用棉被闷死晋恭帝。陶渊明对刘裕政权的不满，加深了对现实社会的憎恨。但他无法改变，也不愿干预这种现状，只好借助创作来抒写情怀，塑造了一个与黑暗社会相对立的"桃花源世界"，寄托自己的政治理想和对美好生活的向往。《桃花源记》就是在这样的背景下写成的。

此处，通过知人论世法的运用，引导学生深层次地理解陶渊明心中的理想生活在现实中是无法实现的，也是寻找不到的。这样，不仅帮助学生解开心中的疑惑，还提升了学生对作品的理解力度和思辨能力。

三、于提升教学价值处巧用知人论世法

文言文教学虽然要有文本意识，但是如果单单拘泥于这一点，教学也就会显得单调、不灵活，教学的价值自然得不到最大化的显现。如果教学时能够注意文本细节，巧妙运用知人论世法，学生对文本的思考才能得到拓展，教学价值才能得到最大化。

如《核舟记》一文的注释①中写道："魏学洢（约1596—约1625），字子敬，明末嘉善人（今浙江嘉兴）人。"从这个注释中我们可以得到两个重要信息：一是魏学洢很早（约29岁）就去世了；二是他的籍贯。如果针对此处补充相关的说明材料，对文本的理解自然就能够深入，对提升教学的价值有很大的帮助。

《核舟记》这篇文章，很多教师在教学时常常把其当成一篇说明文来教，其教学分析的流程一般是：船头—舟尾—船背—通计一舟，这样的教学显得比较枯燥乏味。如能换个角度设计教学问题及运用知人论世法，效果就变得不一样了。

问题设计：

（1）请同学们关注注释①，魏学洢为何这么早就去世了，究竟发生了什么故事？

（2）王叔远跟魏学洢是什么关系，为何送雕刻有苏东坡游赤壁的核舟给他，他想表达什么想法？

材料一：魏学洢的父亲魏大忠，是江浙的大盐商，由于上书朝廷弹劾权倾朝野的魏忠贤，事情败露，惨遭报复反而获罪入狱。年轻的魏学洢为了营救父亲，上下奔波，同时自己还得躲避魏忠贤的追杀，生活过得十分惶恐不开心、郁闷凄苦。

材料二：王叔远跟魏学洢是好朋友，送雕刻有苏东坡游赤壁的核舟给魏学洢，其寓意是希望魏学洢能像苏东坡那样乐观豁达地面对生活。

通过对文本的研读和对材料的讨论，学生自然对魏学洢有更深入的了解，对两人的友谊就有了深入的了解，对文中所蕴含的深刻思想就会领悟到位。这样读文章就不会浮光掠影，学生的文化素养自然会得到提升，教学的价值品位也会得到提升，不会受到文体的束缚。这样的课堂，生命的张力自然会得到凸显。

知人论世的目的是让学生借助外在的信息来深刻理解文本的意蕴，所以知人论世的信息选择应以是否有助于学生对文本信息的理解为标准。如此说来，我们对知人论世的相关信息应该严格挑选，去粗取精，去伪存真，力求简明扼要，使其能直接发挥助力学生深刻理解文本意义的作用。

知人论世法的运用讲究灵活多变，千万不能陷入机械化、程序化、僵硬化的泥潭。在学生疑惑处使用，在文本存疑处使用，在能提高教学价值处使用，让知人论世法在文言文教学中发挥最大的作用。

能满足学生的阅读需要、心灵需要，能发展学生的探究能力，提升学生的语文素养，为学生生命的成长提供适时的养料，这样的知人论世法便可采用。如能抓住教学时机，巧妙地运用知人论世法，学生怎么会不爱上语文呢！

参考文献

［1］童庆炳.文学理论教程（修订二版）［M］.北京：高等教育出版社，2004.

［2］韩大伟.知人论世披文入情——杜甫《登楼》诗新探［J］.杜甫研究学刊，2000（2）.

［3］萧涤非，程千帆，等.唐诗鉴赏辞典［M］.上海：上海辞书出版社，1983.

［4］徐玉如.论文学欣赏中的"知人论世"［J］.山东教育学院学报，2001（1）.

［5］熊立.语文教学与"知人论世"［J］.四川教育学院学报，2003（6）.

初中语文教学中渗透传统文化的方法探究

海丰县可塘中学　余汉利

我国有五千年的历史，各朝各代都涌现出了很多优秀的文学家、诗人、思想家。通过对传统作品的理解和吸收，能够感受我国古代的智慧和文化，让学生的审美能力和思想境界得到提升。因此，在初中语文教学中，教师应注重在教学中渗透传统文化，使学生的综合素养实现发展。

一、传统文化在初中语文教学中的重要作用

1. 传统文化能够使初中语文课堂更具活力

在以往的教学中，很多教师都采用背诵和抄写的方法让学生学习语文知识，而忽略了对学生兴趣的培养。由于教学方法比较单一，学生在接触语文学习的时候感觉非常枯燥，难以全身心地投入学习中，使得语文课堂比较沉闷。在学习传统文化的时候，其中涉及的内容比较丰富，教师能够对其历史故事、人物背景、古今异义、古诗内涵等进行透彻的解读，使学生接触到新颖的教学内容，从而能够使学生产生丰富的兴趣，激发学生的探究意识，使初中语文教学呈现出更独特的魅力，吸引学生深入其中去学习和感受。

2. 传统文化能够使学生的综合能力实现发展

在对传统文化进行学习的时候，学生不仅能够掌握古代语文的知识与技能，还能够从中吸收优秀的文化，感受前人的思想，对自己的价值观念进行补充，使自己能够形成正确的价值观念。当学生在学习和生活中存在着困惑

的时候，传统文化中的思想也能够对学生进行指引，从而使学生向着更好的方向努力和发展，补充学生不够完善的地方，从而带动学生整体素养的提升和发展。

二、当前初中语文传统教学中存在的问题分析

1. 缺乏与传统文化相关的教学内容

在当前的初中语文教学中，有很多著名的古诗、文言文实现了对传统文化的展示。但是，其中的内容只是传统文化的一隅，未能够对传统文化的全貌进行充分的展示，学生在进行学习的时候也仅仅能够接触传统文化的一小部分，从而影响了学生对传统文化的全面认识。例如，在教学中，教师仅仅对教材中涉及的传统文化知识进行讲解，而没有涉及我国古代文化中的其他部分，对古代文化中的音乐、礼仪、制度、规范、语言风格等未能够进行全面的介绍，从而使学生未能对传统文化透彻认识。

2. 学生的学习观念未能得到改进

在对学生进行了解的时候，很多教师都发现，学生和家长对传统文化不能有正确的认识。很多家长表示，学习传统文化对于成绩提升没有明显的效果，反而会占用很多时间，因此他们不鼓励学生投入传统文化的学习中，而是更希望学生能够掌握与考试相关的知识。很多学生也受到家长的影响，很少主动投入对传统文化的学习中，从而使学生的积极性不能够实现提升和发展。

三、在初中语文教学中渗透传统文化的方法

1. 基于教师素养，介绍文化经典

教师应基于自己的文化素养，向学生介绍与课文相关的文化经典故事和知识，让他们能够在品味经典的过程中，对我国传统文化进行认识和理解，从而使教学达到事半功倍的效果。例如，在学习《乡愁》的时候，为了能让学生从经典作品中感受对故乡的思念之情，我吟诵了几首诗句：故乡对于每个人来说都有着独特的意义，很多人说，回不去的地方就叫作故乡。在我国

古代也有很多与乡愁有关的诗句。"独在异乡为异客，每逢佳节倍思亲"讲的是在佳节思念亲人的孤苦之情；"人生不相见，动如参与商"讲的是与故人相离的惆怅；"近乡情更怯，不敢问来人"讲的是对故乡既熟悉又陌生的感觉。那么，余光中对于乡愁又有哪些深刻的认识呢？他所描述的乡愁与我刚才朗读的哪些诗句又有哪些相似之处呢？让我们进行深入分析和探索。

很多学生都对教师的文学素养感到非常钦佩，希望自己也能够吸收大量的文化知识，达到"出口成章"的效果。教师在教学中向学生补充和完善文化经典，能够激发学生的探究意识，使学生对传统文化产生强烈的兴趣，从而能积极投入其中，使自身的文化素养也实现提升和发展。

2. 拓宽学生视野，推荐课外作品

丰富的课外读物是学生提升自己和增长见闻的土壤，能够让学生有更多的渠道吸收和感受传统文化，使学生掌握更多与传统文化相关的知识。教师可以结合学生的兴趣爱好和认知规律，推荐适合的课外作品，让学生在其中感受传统文化的魅力，从而能够使学生对传统文化的内涵进行领悟，产生思想上的熏陶，最终实现精神境界的提升，成为更加优秀的青少年。例如，在课外阅读的时候，很多学生不知道应该阅读什么样的作品，感觉非常迷茫，希望我能够为他们提供一些书目。我了解到，班级中一部分学生非常喜欢武侠作品，因此我向他们推荐了《神雕侠侣》《天龙八部》等作品，让他们从中感受古代侠士的风范，也能够从中学习到与传统文化相关的内容。有的他们非常喜欢阅读古诗，因此我向他们推荐了《李白诗集》《杜甫诗集》《唐诗三百首》《人间词话》等与古代诗词相关的书籍，让学生找到自己喜欢的诗词，进行反复朗读和背诵，体会其中的美感。有的学生非常喜欢小说，因此我向他们推荐了《老残游记》《醒世恒言》《红楼梦》《西游记》等白话文小说，让学生在阅读故事的时候，能够对古代传统文化进行了解。通过向学生推荐课外阅读作品，为学生展示更加丰富的传统文化，让学生在其中吸收养分，实现自身文学修养的提升。

3. 营造直观情境，产生沉浸体验

在进行教学的时候，有的教师发现，学生认为自己与古代作家、诗人之间存在着时代上的差距，因此难以对作品进行理解，学习起来有一定的难度。为了解决这个问题，让学生能够与传统文化产生更加紧密的连接，达到更好的理解效果，教师可以为学生营造直观的情境，让学生能够渗透在其中，产生沉浸式的体验，使学生能够对作品进行更加透彻的理解。例如，在学习《月夜忆舍弟》的时候，古诗呈现出一种凄凉、萧瑟的氛围，让人读起来感觉非常的苦闷。但是学生缺乏类似的经验，因此在理解的时候存在一定的困难。为了帮助学生对古诗进行理解，我先对学生讲述了古诗的背景：杜甫在写这首诗的时候正值战乱，他和弟弟分散在战乱之中，音信全无，因此杜甫对他们非常怀念，正值白露节气，让诗人更添伤感。为了能够让学生产生沉浸式的体验，我为学生准备了古诗鉴赏的视频，视频中展示了战乱、秋色、萧瑟的氛围，并且带有感情地对古诗进行诵读，使学生也深深地了解了杜甫的伤感之情，对诗歌内容产生了透彻的认识。

综上所述，鉴于初中生教育的多元文化环境，语文教师应更加重视传统文化的传播与传承，积极将传统文化引入初中语文教学，使学生生活在更美好的精神世界中，实现综合技能的发展。

参考文献

[1] 王月芳. 优秀传统文化在小学语文课堂教学中的渗透策略探究 [J]. 新课程，2021（28）：73.

[2] 付莹. 优化国学经典在小学语文教学中的应用 [J]. 新课程，2021（28）：179.

[3] 杨太明. 浅谈"互联网+"视角下初中语文教学的传统文化渗透 [J]. 科学咨询（教育科研），2021（7）：187–188.

信息技术支持下的语文课堂教学思考

——读《我就想浅浅地教语文》有感

陆丰市东海龙潭中学　周丽潜

初中语文教学的目的是什么？《义务教育语文课程标准（2011年版）》的前言及课程基本理念（一）明确指出，应致力于培养学生正确的语言文字运用能力。

至于"语文味"一词大家可能有些眼生，但这词非我独创，是当代著名教育家程少堂创立的。2001年8月中学高级教师钱冰山在《语文教学通讯》第17期A刊上正式在我国学术界将"语文味"作为一个学术概念提出，后来又不断微调和改进，最终形成固定定义。

语文味是语文课堂教学应该具有且最鲜明的一个特点。

一、信息技术支持下的语文课堂教学的取舍的思考

我读肖培东《我就想浅浅地教语文》的时候发现，尽管当下语文教坛各种新思潮、新理论纷纷涌起，但他仍然紧扣课程标准坚守富有语文味的教学，一是重视培养学生对祖国语言文字的正确理解和运用的能力；二是极为重视学生的课堂朗读。

现在的课堂教学有信息技术支持，很多语文教师不管是不是公开课都经常花很多心力设计精美的PPT，会在课上播放范读的音（视）频，结尾的时候再来一段音乐，而在朗读这一块不会花很多时间进行，只要有读就好了，不

然后面的内容讲不完；作者资料和写作背景一般会讲，尤其是教学写作时间与现在相隔数十年乃至几百年的主题深刻的诗文小说，不用PPT展示一番，生怕学生不理解，教学环节也会显得不完整。

肖老师在《我就想浅浅地教语文》中收录的公开课几乎不使用音视频资源，需要朗读时他就随便叫一个学生，学生读了，他要问学生为什么这样读，学生讲了理由他也不否定，他会叫另一个学生起来读，再问这个学生为什么这样读，然后追问第三个、第四个学生还可以再怎样读。如教琦君的《春酒》时，为了让学生自己体会作者蕴含在文章中的感情，先后叫了11个学生读文章标题，并谈论自己这样读的认知。读着，谈着，再读，再谈，学生的情感意识被慢慢唤醒，渐渐明白《春酒》的题目不仅仅写了有关春酒的若干事情，更蕴含了作者的那一份深情，这是学生通过不同读法领会到的，因而格外深刻。

通过谈话，引导学生多次朗读，慢慢地读，读了又读，有时是引导学生体悟作者情感，有时是帮助学生一步一步走进文本核心。如在教学《孔乙己》一课时，肖老师通过谈话，引导学生多次朗读，读孔乙己脸上的"伤疤"、读"新"字、读"又"字、读"偷"字、读"一定"、读孔乙己偷书被打咸亨酒店酒客与掌柜的对话的文段、读"哦"字9遍（算上他自己模仿读有10遍）……慢慢地读（耗时18分钟），启发学生思考孔乙己命运的悲惨，人们的冷漠，社会的悲凉。

在语文课堂教学过程中，肖老师很舍得花时间用在师生间的谈话上，很舍得花时间让学生慢慢读，读了又读，全书16个教学案例都有这个特点。

我还发现肖老师在教学中也有不舍得花时间的地方，他在课件的设计上就简而又简。

肖老师在教《孔乙己》一课时没有记录他使用PPT显示什么内容；教琦君的《春酒》这节课有记录他使用PPT的有4处，分别在书中的第244、245、247、248页，用来显示有"浓浓的悲愁与惆怅"和喜欢春酒的几个句子，以及作者事后回忆自己写《春酒》时作为成人的失落和坚守；教《皇帝的新装》一课时他使用了8次PPT，显示童话的概念，探寻大人内心世界的七个句子等内容。

在21世纪信息技术支持下的语文课堂，肖老师舍弃了"花架子"，选择了没什么信息技术味、凭靠谈话、慢慢地读这种传统的语文教学方式。

唯教学《山水永嘉，飞翔语文》的校本教材写作课时，肖老师不仅使用PPT，还使用音频《隐形的翅膀》、视频"印象永嘉"山水篇和童谣篇。

可见，肖老师不是排斥用信息技术支持语文课堂教学，必要时是用的，但不盲目用，不泛滥地课课用，仅在传统教法无法达到他的教学目标时用。

肖老师对信息技术支持下的语文课堂教学的取舍很清楚，著名特级教师钱梦龙老先生认为肖老师的"浅浅地教语文"的教法真正体现了语文的工具性和人文性的统一。显然，钱梦龙老师对肖培东老师的"浅浅地教语文"，即提高学生理解和运用祖国语言文字的教法大为赞同，甚为欣赏。所谓"浅浅地"不过是肖老师的自谦罢了。

通过谈话，通过读了又读，用灵动有效的语言引导学生深入研读文本，比点开一张又一张PPT显示给学生看或动不动就通过信息技术加载音视频支持课堂更富有语文味。这样的课堂教学需要勇气，更需要智慧，但我们是语文老师，不是语文课上的信息技术老师，不应该把语文课上成PPT展示课，或上成观看视频课、音乐欣赏课，或者上成大杂烩，不应该让一节语文课的信息技术味超过语文味。

什么时候用信息技术，什么时候不用，是值得思考的，我们在语文课堂教学时必须做出取舍，应该使语文课有语文味，甚至使语文课的语文味更浓。

二、信息技术支持下的语文课堂教学如何让语文味更浓的思考

信息技术的支持，使语文教师的课堂教学有了更多的选择、更多的途径、更便捷的操作，这既有可能是好事，也有可能是坏事，如上文所说，一不注意变成信息技术搬运工了。那么，信息技术支持下的语文课堂教学如何保持语文味甚至让语文味更浓呢？

1. 提高语文教师个人专业素养

语文教师是语文课堂教学活动的引导者和组织者，语文课堂教学的关

键在于教师自身专业素养的高低。专业素养高的教师，在语文教学中就能教得有语文味些、有趣味些，激发学生学习语文的兴趣，进而培养并提高学生的语文素养。反之，专业素养低的教师，要么会把语文课堂带进了无生机的"坟场"，死气沉沉；要么就是课堂表面热闹，实质上学生并没有什么所得。

眼下，高素养的语文教师还是严重欠缺的，这也是为什么有些语文课不像语文课，而像PPT展示课了。只有教师自身专业素质过硬，教学时通过精当巧妙的提问设计，灵动活泼的语言表达，合理有序的课堂管理，才有可能使语文课保有语文味并让语文味更浓。

2. 重视对文本的感知和品味

新课程标准要求初中生通过学习教材，能感知文本内容，品味关键语句，领会作品思想感情，获得人生有益启示。因此，教师在教学中要重视对文本的感知和品味，让学生通过整体感知文本，品味文章关键字、词、句、段，领悟作者思想、情感，熏陶并丰富学生的精神世界。

受肖老师课堂教学的启示，我在教朱自清的《春》时，先后叫了多个学生读课文的题目。这种教法在学生看来，有趣得很，他们争先举手，有人读得急促些，有人把"春"拉得长长的，有人读得平淡无味，还有人读得舒缓悠长……

我们一边读一边谈话，让同学们了解不同的读法表达的情感是不同的，慢慢地引导他们明白《春》不仅写了春天的种种景物，还饱含了作者对春天的喜爱、赞美的感情。事后学生在周记里反映，认为这样的语文课很有趣，很喜欢。

在教学老舍的《济南的冬天》一文时，我为了使学生明确课文写了济南冬天什么样的特点，要求学生通读全文，边读边用笔圈画重点词句。通过这个方法找出重点词句，从而整体感知课文，明确课文要突出的济南冬天的特点。学生通过自由朗读、小组讨论，最终从课文第1自然段末尾找到关键句"在北中国的冬天，而能有温晴的天气，济南真得算个宝地"，最终领会到济南的冬天"温晴"这一突出特点。

对文本的感知和品味，除了从课文标题入手，从课文的关键词句品味，当然还有别的角度，这里就不一一列举了。

3. 重视课堂教学中的朗读

语文课堂当然少不了琅琅书声，没有书声或只稀稀拉拉读几句的语文课怎么能算语文课呢！课标要求初中生能够用正确、流利的普通话有感情地朗读课文，通过朗读培养学生的认知和思维能力。

因此，语文教师在课堂教学中应重视朗读。那么，我们要从哪些方面进行朗读呢？

一是读词汇，让学生边读书，边学习、积累基本的词汇。著名语文特级教师余映潮多次强调字词教学的重要性，认为字词教学重在理解、运用和积累，教师在教学字词之前，必须对教材进行分析与研读。以《紫藤萝瀑布》为例，余映潮老师从不同角度提取课文词句，有美词库，单字词、双字词、四字词；有美句，单独摘录，按句排列；还有美段。长期坚持的话，一来可以丰富学生的词汇量；二来有益于培养、提高学生理解、运用语言的能力。

二是读课文，给予学生充足的时间去读课文，初步感知课文内容。我国宋代大理学家朱熹说读书要"诵之宜舒缓不迫，字字分明"，即朗读的时候要吐字清晰，富有节奏。以七年级上册语文第一单元为例，单元导读部分第2自然段第一句明确要教师重视指导学生朗读课文，尤其是把握好重音和停连。其中《春》的积累拓展第5题要求标出课文语句中的重音、停连，并对朗读的重音和停连做了提示；《济南的冬天》的积累拓展第4题继续加强对重音、停连的朗读训练；第3课和第4课也在阅读提示、预习提示中明确提出要注意朗读。那么我们教学第一单元时可以展开多种形式的朗读：可以个人朗读，也可以接龙读、小组读、全班齐读等，尽可能放手让学生读，同时将朗读指导和点评结合起来，让学生在读中感知文章内容体会作者思想感情。

三是读关键词句段，品味重点词句段，读出文字背后的意思，强化感悟与探究，最终形成自己的看法，培养学生的认知及思维能力。

总之，我们评价一堂语文课好不好，得先闻一闻它有没有"语文味"。语文味越浓，课就越好。我们既要警惕过分依赖信息技术的支持，适当取舍，又要通过多种途径继续学习来提高自身的语文专业素养，深入研读文本，用灵动有效的语言使语文课堂散发独特的芬芳味道，还要重视课堂教学中的朗读，让语文课充满琅琅书声，让语文课诗意的声音飘荡在校园的天空。

参考文献

［1］中华人民共和国教育部.义务教育语文课程标准（2011年版）［S］.北京：北京师范大学出版社，2012.

［2］钱冰山.语文味理论与实践探索［M］.长春：东北师范大学出版社，2018.

［3］肖培东.我就想浅浅地教语文［M］.武汉：长江文艺出版社，2016.

［4］向浩，张文华.跟余映潮老师学教语文［Z］.长春：东北师范大学出版社，2018.

初中作文教学的定位

陆丰市龙山中学　柯泽华

　　作文得分多少将直接影响中考总分和升学问题，中考语文作文分数50分，差不多占据整张语文试卷分数的半壁江山。为了提高中考语文的作文分数，老师和家长使出了浑身解数，随之出现了诸如作文升格训练、作文技巧指导等加强训练的写作课堂模式，甚至出现了类似"快乐作文"等作文辅导机构。当然，这些课堂模式、辅导机构的方法和手段在一定程度上可能会在短时间内帮助学生提高一点作文分数，却不能够真正提高学生的作文水平。老师和家长对孩子升学的期望值过高，过于急功近利，导致对其作文水平的要求两极分化，要么要求过高，巴不得孩子写出像作家一样水平的文学作品，考试作文拿满分；要么要求过低，认为孩子反正写不出什么像样的文章，临时抱佛脚多背几篇文章，看能不能"瞎猫碰上死耗子"，能多拿几分算几分。"冰冻三尺非一日之寒"，出现这样的应考现象，主要原因是老师和家长平时对作文教学的重视程度不够，定位不够准确，要么揠苗助长过高要求，要么偃旗息鼓放弃要求，此两种做法均不可取。那么，如何才能准确衡量初中生的作文水平，准确定位初中阶段作文教学内容和教学方式呢？

一、作文水平的评价定位

评价从事某项工作水平的高低必须有合适的衡量标准。那么，评价初中生作文水平的高低最合适的衡量标准自然是初中语文课程标准了。

《义务教育语文课程标准（2011年版）》对初中作文的标准是这样要求的：

（1）写作要有真情实感，力求表达自己对自然、社会、人生的感受、体验和思考。

（2）多角度观察生活，发现生活的丰富多彩，能抓住事物的特征，有自己的感受和认识，表达力求有创意。

（3）注重写作过程中搜集素材、构思立意、列纲起草、修改加工等环节，提高独立写作能力。

（4）写作时考虑不同的目的和对象。根据表达的需要，围绕表达中心，选择恰当的表达方式。合理安排内容的先后和详略，条理清楚地表达自己的意思。运用联想和想象，丰富表达的内容。正确使用常用的标点符号。

（5）写记叙性文章，表达意图明确，内容具体充实；写简单的说明性文章，做到明白清楚；写简单的议论性文章，做到观点明确，有理有据；根据生活需要，写常见应用文。

（6）能从文章中提取主要信息，进行缩写；能根据文章的基本内容和自己的合理想象，进行扩写；能变换文章的文体或表达方式等，进行改写。

（7）根据表达的需要，借助语感和语文常识，修改自己的作文，做到文从字顺。能与他人交流写作心得，互相评改作文，以分享感受，沟通见解。

（8）作文每学年一般不少于14次，其他练笔不少于1万字，45分钟能完成不少于500字的习作。

以上八点，课程标准对写作内容、写作过程、材料详略安排、记叙文等文体写作、作文修改、作文训练次数等方面都做了详细具体的要求和规定。换言之，学生写作时要做到言之有物、感情真挚、结构条理清晰、文体意识明确、材料剪裁详略得当、语言表达文从字顺，并养成互评互改的修改习惯。

所以，教师对初中学生作文的要求不要太高，只要他们能够运用语言有条理地表达自己的生活体验和思考、写真话抒真情即可。

对学生作文水平的评价定位，还可以从中考作文评分标准中了解到具体的评分细则。其中三类卷（30～39分）的评分标准如下：①立意明确，材料能够表现中心；②结构基本完整，有条理；③语言基本通顺，有少数错别字。从这些评分标准中可以看出，中考的评分标准要求并不是很高，三类卷的分数是大部分学生都能够拿到的，并没有想象的那么难。

所以，对学生作文水平的定位，如果能够结合课程标准的要求和中考作文评分标准的要求，就能给予准确的评价和定位。

二、作文教学内容的定位

基于以上认识，初中语文教师应该把作文教学内容定位如下。

（1）鼓励学生热爱生活，学会多角度观察生活，激发写作欲望和灵感。

（2）养成各种良好的写作习惯。

① 养成积累材料的好习惯。一方面是读书积累材料。如摘抄优美的文句、写读书笔记等。另一方面是积累生活素材，养成写日记等习惯。

② 养成按照一是构思立意；二是列纲起草；三是修改加工如此写作过程的良好习惯。这样做能够避免下笔千言、离题万里的情况出现，而修改则是提高作文水平的重要途径。

③ 养成经常练笔的习惯。凡是写作灵感来临之际，皆要付之写作行动，否则，灵感将一去不复返。

（3）训练提高几种常见的作文能力。

① 审题能力。

② 选材能力。

③ 结构安排能力。

④ 材料详略处理能力。

⑤ 语言表达能力。

⑥ 文体写作能力。

（4）坚持以读促写，以写促读，读写结合，不断循环，日积月累，积淀厚实的语文素养。写作自然左右逢源、妙笔生花。

初中三年，如果语文教师持之以恒地培养学生这些写作习惯和训练学生这些写作能力，那么，学生在中考作文中拿下35~40分是没有太大问题的，至于拿45~50分的同学，毕竟是凤毛麟角的，我们也没必要为了拣芝麻而丢了西瓜。

三、作文教学方法的定位

中国义务教育阶段课堂教学模式绝大部分还是把四五十个学生集中在教室进行集体授课，面对众多知识水平、接受能力、生活经历、家庭背景都有差异的学生进行作文教学，教师如何把握教学的"度"就是一个难题了。"度"的问题自然就涉及教师在作文课堂教学上要胸有成竹地知道哪些"可教能教"，哪些"不可教不能教"。

有的老师在作文课堂教学上毫无节制地大讲特讲写作理论知识，此种做法要不得。首先，老师授课的对象是初中生，并非大学文科生，从初中生的知识储备情况来看，他们还不具备接受写作专业知识的能力。其次，这样理论性极强的课堂活跃度肯定不强，学生学习的积极性也肯定大打折扣。

基于这一点，教师对于作文课堂教学的授课方法就应该有一个准确的定位。

这里举例说明一下这个问题。曾经有位老师在上"如何围绕中心选择材料"这一作文指导课时是这样做的：①介绍什么是中心；②介绍什么是材料；③介绍材料的典型性和新颖性；④介绍如何围绕中心选择材料的原则性。明眼的老师一下就能看出来，这是一节理论性极强的写作课，被非常不合时宜地搬到初中作文教学课堂上，其教学效果自然是不尽如人意。如果学生能接受并明白这些写作理论知识，我想，学生已经不需要老师来教了。

同样上"如何围绕中心选择材料"作文指导课，有的老师却能够联系学过的课文和学生的生活，通过师生共同探讨，总结归纳出操作性极强的方法，取得了极佳的教学效果。如老师以朱自清《背影》这篇文章的选材为例，师生总结提炼出选择材料的第一个原则是"真"和"小"，并联系学生平时作文"假""大""空"的现象，两相比较，学生自然知道个中的利害关系。又如，老师列举出《妈妈的眼泪》中的情节：妈妈在厨房切菜，不停地流眼泪，这可吓坏了爸爸，爸爸以为他平时少帮忙家务，惹妈妈伤心，所以爸爸诚恳地向妈妈道歉。另外，儿子也吓坏了，以为是自己平时不听妈妈的话，惹妈妈生气，把妈妈气哭了，儿子急哭了，求妈妈原谅他，以后一定好好学习，听妈妈的话。可是，妈妈却说："你们父子俩今天怎么了，我流泪是因为切洋葱眼睛被熏得受不了。"通过这个事例，表现了一家子相亲相爱的主题。通过这样的举例教学，师生共同总结提炼出选材要"巧"，而不是千篇一律。这样的作文指导课立足于学生的生活实际，让大部分学生感觉自己也是可以做到的，从而激发了学生的写作欲望。

作文教学的授课方式不能让学生感到那是"空中楼阁"，可望而不可即，而应该定位在让学生踮踮脚尖就能达到目的的高度方为好。

另外，从现行的初中作文评改模式来看，大多数教师还是处于把全班作文收起来，教师给予一定的分数和评语，实际上这种评改模式对学生整体作文水平的促进作用是有限的。如果从作文评改模式来给作文教学定位的话，应该找出学生每一次作文的共同缺点，在课堂评讲作文时应重点指出存在的问题，并给出解决的方法方为上策。如有好多学生在选择材料表现主题时，所选材料往往会出现游离主题，说离题也不完全离题，说不离题也不完全切题。遇到这种情况，老师应该选择学生习作中的典型代表，并对这些习作进行抽丝剥茧式的讲解，让学生从中体悟到什么样的材料才切合主题。如果能够这样做，就能大面积提高学生这方面的作文能力。当碰到写得很好的同学时，老师应当对其作品加以润色并推荐发表，起到鼓励和树立榜样的作用。如果碰到确实达不到要求的学生，老师应当降低要求，逐步提升。只有学生有了写作的成就感，他们在写作的道路上才能有前进的动力。所以，从现行作文课堂模式和评改模式给作文教学的定位应该是"抓两头，促中间"，最终达到大幅度提升学生的作文水平的目的。

应该说，作文教学是语文一直以来的千古难题，如果定位不准，教学就很容易流于形式，很难取得实际性的教学效果。作文教学应当根据所任教学段的特点，依据课程标准的要求，结合现行的作文课堂模式以及其他的实际情况，采取有的放矢的教学方法手段，才能取得预期的教学效果。所谓"号准脉，才能对症下药，才能药到病除"，作文教学亦是如此，定好位是至关重要的。应当把作文教学定在"学习区"，学生通过努力就能达成，不应当定在"恐慌区"和"舒适区"，那样会显得偏高或者偏低，不利于学生写作能力的发展和提高。

立足于"怎样写"的阅读教学设计及教学片段展示

陆丰市龙山中学　柯泽华

叶圣陶先生曾经明确指出："阅读是吸收，写作是倾吐。倾吐能否合乎法度，显然与吸收有密切的关系，单说写作如何如何是没有根的，要有根，就得追问那比较难捉摸的阅读程度。"这里所说的"阅读程度"不单指深入阅读文本内容的程度，还应该指带着"怎样写"的阅读意识所进行的深度阅读。学生唯有在阅读的过程中不断汲取别人的写作经验，才能为日后的写作提供有效的写作知识支援。

近年来，听了不少不同层次级别的阅读教学公开课和示范课，发现好多老师的教学设计立足点都在于"写什么"，极少有老师立足于"怎样写"进行教学设计。这些课"读"的教学效果都不错，令人惋惜的是少了与"写"的联系，语文学习的深度明显不足。那么，如何在阅读课中加入更多的写作元素，让阅读课更好地服务于学生日后的写作呢？

一、立足于"怎样写"的目标设定

教学目标的设定是教师在充分研读教材和研判学情的基础上进行有效备课的首要环节，其设定不但考验教师的教材处理能力，而且影响教学过程的开展，还影响学生语文素养达成的程度。以往阅读教学目标的设定一般都停留在"写什么"的层面，这势必影响学生语文素养的全面提高。有意识地把"怎样写"引入阅读教学目标的设定，能有效弥补"写什么"的不足，教师在阅读教学中有意识地带领学生立足于"怎样写"进行阅读，将为学生今后的写作奠定良好的基础。

要做到立足于"怎样写"进行目标设定，教师首先要深入挖掘教材的写作价值点，找出教材值得学生今后写作可以借鉴的经验。其次要遵循少而精的原则。选入初中语文教材的文章都是文质兼美的经典作品，其写作立意、写作思路、材料选择、结构安排、语言运用等方面都是值得学生学习借鉴的。可是，在实际的阅读教学中，我们不可能在某篇文章的教学过程中把这些写作知识全部传授完毕，我们只能"弱水三千，只取一瓢饮"，撷取其中最符合学情的写作教学点作为教学目标。

例如，基于立足于"怎样写"的阅读教学目标设定，可以把《春》的部分教学目标设定为：①厘清文章的思路，掌握文章总分总的结构模式；②掌握比喻、拟人修辞手法的巧妙运用；③学会多角度写景的方法。这种立足于"怎样写"的阅读教学目标设定，其好处在于教学过程中，除了能够让学生理解《春》这篇文章的内容之外，还掌握到这篇文章是通过总分结构把春天各种景物条理清晰地呈现在读者的眼前，懂得文章是通过比喻、拟人等修辞手法让语言生动形象起来，掌握了通过视觉、听觉、触觉等多角度描写景物的方法，相信这样的阅读体验历程对学生今后写作写景抒情类的文章起到一定的借鉴意义。

再以《背影》为例。立足于"怎样写"的阅读教学目标可以设定为：①理解并学会运用渲染铺垫的写作手法；②理解并学会运用"以小见大"的选材方法。第一个教学目标的设定是让学生在充分理解文本的情况下，理解作者匠心独运地在"背影"出现之前所做的渲染铺垫，造成千呼万唤始出来的艺术效果，为学生日后运用此种方法烘托人物的写作提供了有效的知识支援。第二个教学目标的设定为学生今后如何在写作中做到"千淘万漉始到金"选择典型材料来表现人物形象提供了经典的范例，定会让学生受益匪浅。

二、立足于"怎样写"的问题设计

阅读是写作的"根"。立足于"怎样写"进行教学问题设计，能够有效地让学生带着"怎样写"的意识进行文本阅读，汲取写作的营养成分，为日后写作张本。

立足于"怎样写"的教学问题设计应注意梯度。继续以《背影》为例设计如下两个教学问题：①文章是如何具体表现父爱的？②《背影》的父爱与一般的文章有何不同？关于第一个问题的答案，学生可能会往父亲的动作语言描写和具体事件等方面寻找答案，这个学习过程就很好地为学生以后写作"父爱"此类的文章提供了写作借鉴。仅此还是不够的，因为每一种"父爱"都是具有个性的，所以通过第二个问题的讨论学习，就会为学生日后写出具有自己特色的"父爱"提供写作养料。所以说，立足于"怎样写"的教学问题设计是沟通读与写的桥梁。

三、立足于"怎样写"的教学片段展示

光说不练是没有说服力的。下面以《春》的教学片段为例子，说说如何立足于"怎样写"的课堂教学实践。

桃树、杏树、梨树，你不让我，我不让你，都开满了花赶趟儿。红的像火，粉的像霞，白的像雪。花里带着些甜味儿；闭了眼，树上仿佛已经满是桃儿、杏儿、梨儿。花下成千成百的蜜蜂嗡嗡地闹着，大小的蝴蝶飞来飞去。野花遍地是：杂样儿，有名字的，没名字的，散在花丛里，像眼睛，像星星，还眨呀眨的。

立足于"怎样写"，我们的教学焦点应该放在探究作者是如何把一个色彩斑斓、百花竞放的春天活生生地呈现在读者面前。

针对以上教学问题，师生展开了教学对话。

生1：主要是通过修辞手法的巧妙运用，描绘出百花争春的景象。

师：请你结合具体的句子加以说明。

生1："桃树、杏树、梨树，你不让我，我不让你，都开满了花赶趟儿"

这句话运用了拟人和排比的修辞手法，生动形象地写了百花争春的特点。

师：我们可以分析得更加具体一些，"你不让我，我不让你"不但写出了花多、次第开放的特点，更写出了百花竞放、争先恐后迎接春天到来的情态。拟人和排比的运用，生动形象地写出了百花互不相让争先迎春的特点，表达了作者内心的喜悦之情。

师：老师再问一个问题，这里所用的修辞手法为什么是排比和拟人呢？

生2：因为排比和拟人这两种修辞手法能够很好地表现花迫不及待开放和争春的特点，并能很好地表现作者内心的喜悦之情。

师：很好！"你不让我，我不让你"很容易让人联想到人们争先恐后看热闹的情景，自然贴切地描绘出百花争春的景象。所以，修辞手法的选择是要根据事物的特点和表达的情感来选择的。

生3："红的像火，粉的像霞，白的像雪"这句话比喻和排比连用。作者从色彩的角度，将桃花、杏花、梨花描绘得色彩斑斓，十分逼真。

师：为何把"红"的喻为"火"？把"粉"的喻为"霞"？把"白"的喻为"雪"？

生3：因为这里的本体和喻体之间有着相似点，如"火"是红的，而且红的程度很深，能很好突出花"红"的程度，包含着红红火火迎接春天到来的意思。

师：分析得十分细致，的确，通过比喻和排比连用，很好地写出了花卉争荣、各不相让的景象。

生4："花里带着些甜味儿；闭了眼，树上仿佛已经满是桃儿、杏儿、梨儿"运用了排比的修辞手法，通过想象写出了秋天树上结满果实的情景，点明了收获之多。

师：这位同学回答得很好，不但讲明此处的修辞手法，还讲明了这是作者的想象之景。但是，这里仅仅用了排比的修辞手法吗？

生5：还有通感，"花"是视觉，"甜味"是味觉，作者把视觉移植到味觉，所以是通感，这与后面作者从"春华"想象到"秋实"的收获之景有密切的联系。

师：非常好！你的回答不但简明扼要地解释了什么是通感，还说明了作者运用通感的缘由。

生6："花下成千成百的蜜蜂嗡嗡地闹着，大小的蝴蝶飞来飞去"这句话中的"闹"字用了拟人的修辞手法，表现了春天一派生机勃勃的景象。

师：根据之前分析的经验，有没有同学分析得更具体一些呢？

生7："闹"字把蜜蜂拟人化，写出蜂闹春，一派喧闹沸腾、春机盎然的景象，作者是从听觉的角度描写春的景象。

师：好一个蜂闹春！这里作者除了以上从视觉、味觉描写春天的景象外，还从听觉描写，可谓多角度描写景物，正是如此。还有吗？

生8："野花遍地是：杂样儿，有名字的，没名字的，散在花丛里，像眼睛，像星星，还眨呀眨的"这句话通过排比和比喻的修辞手法，写出了春花繁多可爱的特点。

师：这位同学阅读得很仔细，作者抓住了春花繁多可爱的特点，把其比喻为眼睛、星星，十分贴切。

师：老师再问一个问题，这时所写的景物都是实景吗？

生9：不是的，还有作者的想象之景。作者从"春华"想象到"秋实"，还想象了蜂闹春的景象。

师：不错！作者就是通过虚实结合的写法把百花争春的景象写得真幻交织，让读者如亲临其境。

师：同学们，上面这段文字运用了比喻、拟人、通感等修辞手法，从视觉、味觉、听觉多角度地描写景物的特点，字里行间流淌着作者对春天的喜爱之情，还巧妙地运用动静结合、虚实结合的写景方法，为读者勾画出一个色彩斑斓、生机勃发、百花争春的景象。那么，同学们能够运用刚才所学的知识描写心中喜爱的美景吗？

接下来的教学是学生根据刚才所学的知识进行写作训练。

此处的教学片段，教师让学生了解了文章所用的修辞手法和表达效果，理解了多角度描写景物的方法和作用，知道了动静结合、虚实结合表现手法的妙处。这里最可贵的教学价值点是教师让学生进一步分析为何要用这样的修辞手法，为何要从这些角度来描写景物，为何要采用动静结合、虚实结合的写法。这样立足于"怎样写"的教学设计，实属难能可贵。为学生今后恰当运用修辞手法，多角度、灵活运用虚实的写法描写事物抒发感情提供了写作知识支援。这样的阅读教学，才能为写作教学提供"根"的保障。

立足于"怎样写"的阅读教学设计和教学实践，是沟通读写结合教学的有效桥梁。如能很好地加以关注和实践，对实现阅读教学的高效课堂和提高学生的语文素养，必定有极大的好处。

农村初中作文教学的现状及出路

陆丰市龙山中学　柯泽华

农村中学由于长期受经济、文化落后以及师资力量严重不足诸多因素的影响，作文教学水平偏低的现象普遍存在。教师不改或怕改作文，学生不写或怕写作文，作文水平低下，这一现象一直困扰着广大农村初中语文教师。如何改变这一现象，提高农村初中作文教学的质量呢？

一、农村初中生的作文现状

在农村初中作文教学中，经常看到这样的情况：每当老师布置作文的时候，学生总是唉声叹气地说："又写作文啦！惨啦！"有的甚至跟老师讨价还价，最后硬着头皮赶写，东拼西凑，交上来的作文是：有的空洞无物，有的无病呻吟，有的抄袭、应付了事……一个教学班四五十人，批改下来，好文章寥寥无几。面对这样的作文，老师也望"文"生畏了，又怕堆积太久，学生有意见，领导责怪，于是采用批改作文的"万能公式"：文章的语句基本通顺，结构比较完整，中心突出，但语言不够简练，再加上分数，就完事。更有甚者，干脆写一个"阅"字。像这样学生厌写作文，教师害怕批改作文的恶性循环，后果是不堪设想的。

二、农村初中生写作水平低下的原因

由于农村地处偏僻，交通不方便，生活接触面少，写作素材积累不多，可供阅读的书籍匮乏，知识视野狭窄，写起作文来往往无话可说，结结巴巴，缺乏亲身体验，没有真情实感，这样的作文的确是无法感动别人的。

农村初中生的家长文化水平低下，没有办法指导孩子作文，这也是导致学生作文水平低下的重要原因，他们不像城市孩子那样从小得到父母的指导，养成良好的写作习惯，可以说是先天不足，营养缺乏。

在作文教学中，教师对学生的影响巨大。有的教师在教学中把作文教学给忽略了，只重视课文的教学，等到要写作文的时候布置一下题目和要求就完事了，根本没有与学生交流怎样写。有的教师把作文课当成纯粹的写作理论课，跟学生大讲写作理论和写作技巧，严重脱离学生的实际，把学生搞得一头雾水，丈二和尚摸不着头脑，写作兴趣也全无。

三、农村初中作文教学的出路

（一）立足农村，写出农村特色

生长在农村的初中生，他们最熟悉的生活莫过于农村生活，如果他们所写的作文离开这块厚实的写作土壤，就写不出真事情，抒不出真感情。

不是农村缺乏美，而是缺乏发现农村美的眼睛，缺乏感受农村美的心灵。农村的世界虽然很朴素，但只要做生活的有心人，同样能发现农村区别于城市独具魅力的写作闪光点。因此，教师应当引导学生多留心所处的环境，多观察身边独具特色的人、事、物，随时随地积累写作素材，挖掘写作素材，在作文中表达自己的真情实感，从而写出有农村特色的文章。

农村的孩子经常接触的是大自然，对大自然有着丰富的感性认识和深厚感情。如鸟语花香、蓝天白云、青山绿水、树木葱绿、田野广阔、果园飘香……这不都一一烙着农村的印记吗？这些大自然的美对孩子的情操时时起着熏陶的作用，只要孩子留心它们，自然而然就会为作文提供丰富的写作素材，成为源源不断的写作源泉。

其实，并非要写城市色彩斑斓、热闹非凡的生活，写万人崇拜的人物才能写出好作文。农村的孩子也有一片属于自己的有趣的天地，如下河摸鱼、上树掏鸟窝、放风等，这些有趣的事在孩子的心灵深处刻下了不可磨灭的烙印。又如，割稻谷，插秧施肥，上山砍柴，喂猪牧羊放牛，以及和家人一起劳动的动人场景，这些劳动实践和体验都为孩子写作文奠定了坚实的生活基础。在作文教学中，老师应该善于把这些有意义的写作素材引入学生的作文当中来，可以组织学生讨论，如在劳动中见到什么，听到什么，想到什么，最让你感动和难忘的是什么，然后指导学生写作文，这样的作文写出来往往具有真情实感，能够打动读者。

随着经济的高速发展，党中央对建设新农村的重视，农村也发生了翻天覆地的变化。作为老师应该要引导学生用敏锐的目光去关注这些问题，捕捉这些问题的正面影响，拓宽写作题材，提升学生在写作中的思想深度。

拥有了素材之后，老师要引导学生把这些生活中的点点滴滴记录在日记中，为以后的写作提供取之不尽的源泉。

（二）初中作文教学应力求创新

农村初中生作文水平低下，有多方面的因素，有的在短时间内或是单靠个体力量是无法改变的。但是，经常在作文教法上探求新路子，力求创新，却是每一名农村初中语文教师都可以做到的。

长久以来，大部分农村初中语文教师在作文教学上因循守旧，裹足不前，不敢越雷池一步，导致学生厌写作文，作文水平难以提高。

1. 树立写作信心，激发写作兴趣

每当我给初一新生上第一堂作文课时，总会这样问他们："你们喜欢写作文吗？作文难写吗？"得到的答案几乎都是这样："不喜欢，难！"面对这样的回答，我告诉学生："作文不难写，不喜欢也没关系，以后你会喜欢上的。"接着，我举了这样的例子，下面请同学们用一句话写自己是怀着怎样的心情来中学上第一天学的，学生觉得很容易，写了很多不错的句子。我的做法就是不要让学生望文生畏，因为很多初一新生由于在小学时作文写得不好，被小学老师批评惯了，这时刚上初中，如果老师又以比较高的尺度来要求他们，比如要写什么、写多少字、达到什么要求等。或许学生迫于老师的压力，就去抄袭或应付了事，但这就为学生以后作文水平的提高埋下了祸根。

对于学生的作文，应多一点表扬，少一点批评。一般老师的做法是写得好的就表扬，写得不好的就批评。我觉得好的要表扬没错，不好的也不要一味批评，可以找找他们的优点来表扬，如字写得漂亮，某个句子的修辞用得好，某个词语用得准确、生动等，都可以拿来表扬。这样做的目的很简单，就是不让学生丧失写作的信心。

随着学生写作信心的不断增强，老师应不失时机地激发学生的写作兴趣。如我让学生写"我的语文老师"，第一步让学生写语文老师的外貌，50多个字就行；第二步让学生写语文老师的语言；第三步让学生写语文老师对同学们的关心；第四步让学生写对语文老师的评价。这样分成几节课来完成"我的语文老师"，加上适时的表扬和鼓励，学生自然而然就不觉得难了。更有意思的是，每一届学生我都让他们写同一篇作文"春天来到了螺河"，每一年的春天我都会带领学生来到螺河畔，找块临河的空地开荒，种上自己心爱的植物，体验劳动所带来的愉悦心情，老师适时地引导学生观察螺河畔的人、事、物。如农民伯伯播种插秧的劳动场景，河水何时解冻，小草何时钻出地面冒出新芽等。教给他们观察事物的方法，引导他们思考事物所蕴含的深刻含义。在这样的基础上，然后让他们写作文，写出来的文章自然就有真情实感了。三年中，每年都来螺河畔，不断地观察、体验，不断地写，不断地修改，学生乐此不疲，兴趣浓厚，作文水平也在不知不觉中得到提高。

通过发表文章，树立学生写作信心、激发写作兴趣。每个学期，我都会把学生写得好的作品推荐到《响水》校刊上发表，推荐到《汕尾日报·教育周刊》上发表。这样的做法在无形当中，对学生的写作就是一种肯定和鼓励。

三年下来，一般的学生都能写下十多万字的作文，都能写下好几本厚厚的日记。我认为，这是跟树立学生写作信心和激发学生写作兴趣的做法分不开的。

2. 教师以身作则写好作文，给学生树立榜样

在农村初中作文教学中，有的教师布置一道作文题目让学生自己写作文就完事了。由于农村初中生接触的知识面本来就少，让他们自己写，确实不知从何下手，这时候教师可以先写下水作文，给学生树立写作榜样，然后跟学生谈体会、谈生活、谈技法、谈作文时会出现的问题，学生就比较容易接受了，写起来也比较有谱了。在实践中，教师的下水作文确实能引起学生的兴趣，激发学生的写作热情，它既能够成为学生写作的榜样，又能够成为学生在写作道路上前进的动力。

3. 培养学生丰富的想象力

农村初中语文教师批改作文时常常感慨：学生的作文水平怎么这么低，写作思路狭窄，内容干燥单调，语句平淡乏味。究其原因是农村初中生与外界很少接触，缺乏想象力。因此，培养学生丰富的想象力也是提高农村初中生作文水平的关键。作家王蒙说："没有精神上的自由驰骋就没有文学。"可见，离开了想象就写不出好的文章。那么，如何培养学生丰富的想象力呢？我认为，首先平时要注意培养学生敏锐的观察力，其次是在教学中要抓住文章的一些特点来培养。

著名作家茅盾说过："想象的来源就是观察，观察的范围越广阔，想象力也就越丰富。"要培养学生丰富的想象力，教师平时要注意引导学生全面细致地观察社会生活中具体的人、事、物。如身边人的外貌、言谈举止及其性格、思想、学习或工作等情况。身边事情的起因、经过、结果及其发生的时间、地点、人物等情况。事物的位置、外形特征及景物的远近、动静、声色等，特别要注意指导学生观察此人与彼人、此事与彼事、此物与彼物的不同之处，留心其特有的、与众不同的地方，引导学生有目的、有意识、有计划、有系统地进行观察，由浅入深，由易到难，持之以恒，培养其敏锐的观察力，为正确理解文章内容打下基础，为写好作文积累素材，从而培养学生丰富的想象力。

初中语文教材的课文大多是经过专家精选的名篇佳作，内容极其丰富，所蕴含的作家的想象力也是极为丰富的。具体做法是让学生将教材内容变成图像，变成立体可感的空间，这是培养学生想象力的一种做法。

如在学习《白杨礼赞》时可以让学生想象到了黄土高原，乘车在高原上奔驰，由远及近地看枝枝叶叶、靠紧团结的白杨树。学《岳阳楼记》时则想象自己站在岳阳楼上，放眼洞庭湖"衔远山，吞长江，浩浩荡荡，横无际涯"的雄伟景象。这样做，既激发了学生上课的兴趣，又培养了学生丰富的想象力。

有些课文，让学生改换一个位置来叙述，效果会更好。如学习《故乡》，让学生说一说，如果水生的儿子长大了，回到故乡，故乡发生了哪些变化，家乡的人又怎样评论当年的闰土、杨二嫂和"我"。经过教师这样提示，学生的兴趣就来了，对教材的钻研也更深了。学习《桃花源记》，让学生说一说，如果真有桃花源这个地方，在今天这个时代，那里的人们又将如何？当那里的人知道了现代社会发生的巨大变化的时候，他们会如何看待自己的生活？而我们这些生活于现代社会的人又如何评价生活于世外桃源中的人？

再者，可以利用对一些课文的续写来训练学生的想象力。如在上完莫泊桑的《我的叔叔于勒》之后，我提出这样的问题：如果若干年之后叔叔于勒挣到钱回到家乡，同学们想象于勒叔叔回到家乡见到家人会发生什么样的故事呢？让学生去自由想象，然后自拟题目写成文章，这样的做法自然能引起学生的兴趣，从而训练学生的想象力。又如，在教完鲁迅的《孔乙己》之后，我让学生想象孔乙己的结局怎样，把文章续写下去，交上来经过批改之后，发现学生的想象力其实很丰富，有的学生想象到孔乙己被好心人救了起来，医好腿，养好身子骨，若干年后中了举，当了大官，重新回到咸亨酒店时大摇大摆，完全没有了当年被欺被侮的情景；有的则想象到孔乙己做生意挣到钱之后，财气十足地回到咸亨酒店大吃大喝，付钱时不是当年摸出九文钱的可怜样儿，而是掏出一大把银子的那副得意样儿等。实践证明，课文续写的训练对培养学生的想象力是十分有用的。

4. 讲究作文修改、讲评的生活化

农村初中的一个教学班四五十人，一位语文教师一般教两个班，有的学校由于师资不足，一位语文教师教三个班也是常有的事。那么，一次作文交上来就有一百多本，这就导致教师工作量过大而出现效果差的状况。如何改变这种状况呢？

对于作文的修改，我认为，修改作文应以学生为主体，教师的首要任

务是指导学生如何去修改他们自己的作文。我认为最好的做法是让学生面对面互相修改（这种方法效率高，且所有学生都能得到锻炼）。每次修改作文时，教师都要有针对性地提出修改要求和修改方法，让学生有"法"可依。同学间互相修改作文，可以取长补短、共同提高，遇到值得探讨的问题，教师要及时地组织全班学生集体讨论，以便取得共识。这种做法的好处在于：作文教学的氛围比较浓烈，不会脱离学生这个写作主体，有利于学生写作水平的提高。

至于作文的讲评，我依然认为要以学生为主体，让学生参与其中。

传统的作文讲评，是教师在讲台唱独角戏，罗列出学生作文的优缺点，使有优点的学生得意扬扬，有缺点的学生垂头丧气，事不关己的学生高高挂起，不痛不痒。本来可以十分融洽的教学气氛变得十分尴尬，学生未必有所收获，教师也徒叹奈何。

我认为正确的做法是让学生参与其中，他们写作时已倾注了心血，修改时又吸纳了同学的高见，一定会感慨良多。教师应好好地组织他们进行集体讲评，畅言在作文中的得失。教师可以用导演的身份参与作文的讲评，必要时给予适当的引导和点拨，让学生扬长避短。这样，作文的讲评才能落到实处。实践证明，学生是非常喜欢这种讲评方式的。因为经过对自己生活经验的反复思考，认真写作和精心修改，学生们一定有太多的话要说，给他们讲评的机会，小"评论家"们一定会将自己在写作和修改中的惊奇发现与真实感受，很动情地向大伙全盘托出。这时候，作文讲评实际上已经是"佳作"欣赏了，学生的作文水平在这样的讨论当中也就逐渐提高了。

作为农村初中的语文教师，我想我们有必要也有责任改变传统枯燥乏味的作文批改和作文讲评，使作文教学变成丰富有趣、生动活泼、真实可喜，令教师和学生向往、其乐无穷的现实生活。这将成为农村初中作文教学获得解放的途径。

总之，农村初中作文教学要走出一条适合自己的特色之路出来，是绝非易事的。教师们应从农村初中作文教学的实际出发，敢于面对农村初中生作文的实际情况，在此基础上大胆创新，探求新教法，让农村初中生立足农村生活，写具有农村特色的作文。同时，教师也应引导农村初中生自觉地扩大知识面，丰富生活阅历，拓宽写作题材，勤加练笔，不断地提高自己的作文水平。那么，农村初中作文教学必将会呈现出一片喜人的景象。

参考文献

［1］魏书生.语文教学［M］.沈阳：沈阳出版社，2000.

［2］黄汉清，黄麟生.中学语文教育学［M］.桂林：广西师范大学出版社，1992.

［3］于漪.我和语文教学［M］.北京：人民出版社，2003.

［4］孙春成.给语文教师的101条建议［M］.南京：南京师范大学出版社，2007.

精选范文，模式先行

陆丰市东海龙潭中学　周丽潜

不少学生心中对语文存在一个误解，认为我们从小到大都在学习语文，语文不需要怎么用心学习，就能考一个不错的成绩。然而在小学升入初中以后，语文学科的难度增加了。于是很多家长都说，孩子进入初中阶段的学习以后，成绩就大不如从前了，小学阶段孩子每次语文考试都是90多分，甚至能够考满分，可是进入初中阶段以后，语文学科成绩直线下滑，经常不及格。对于这种情况，他们感到很担忧。

其实这是一个非常普遍的现象，初中阶段各科学习的复杂性都有所增加，特别是语文，对于阅读理解和写作部分的要求，比小学阶段的难度加大了很多，导致不少学生都难以适应，成绩出现下滑。

在语文学科中，作文所占的分值比例是最大的，以总分120分的试卷为例，作文分就占了50分。因此，如果想要在语文学科上取得一个理想的成绩，那么就必须在作文这一块加强训练，尽可能地取得满意的分数。

作文对学生来说，是一项复杂的思维活动和语言运用过程。学生写作能力的提高需要有一个过程。在这个过程中，要根据学生掌握知识和发展能力的客观规律，从实际出发，从简单到复杂，从具体到抽象，从模仿到创新，从易到难地对学生进行感性与理性的写作训练，以逐步提高学生的写作能力。

对刚刚升入初中的学生而言，我们要从最基本的功夫练起。最基础、最重要的基本功是：精选范文，提炼规律。范文的重要作用在于显现形式、表现模式、突现规律。

初中语文教材选用的课文是文质兼美的经典文章，对于学生来说，是学习语言、运用语言的典范。学生模仿范文是写作的开端，是培养学生写作兴趣的奠基石，就如书法中的临摹。教师要利用语文教材授以学习方法，教学生通过阅读学会或更好地表达、理解和感悟作品的思想、知识及文化内涵。教师对教材要"活用"，同时还要"用活"。

（1）模仿课文传情达意的方式来培养学生语言创新的能力。典雅而富有魅力的语言，常与整齐的句式、精彩得体的修辞相伴相生。我在教学朱自清的《春》时，除了内容的整体感知与朗读的指导训练外，就是赏析文中描写春天的精彩语句，体会其表达的妙处，这些句子在文中俯拾皆是，如"野花遍地是：杂样儿，有名字的，没名字的，散在草丛里，像眼睛，像星星，还眨呀眨的""看，像牛毛，像花针，像细丝，密密地斜织着，人家屋顶上全笼着一层薄烟""春天像小姑娘，花枝招展的，笑着，走着"……进而进行仿写，发挥想象，另写一些句子来描绘春天。有学生模仿课文《回忆我的母亲》写了一段话："母亲是个好劳动的。每天天不亮她就起床，先是放一壶水煮开晾凉，以备我和弟弟装了到学校喝时不烫嘴。接着她把粥煮好，还是照样用碗盛了晾着，我和弟弟到饭桌端起吃时温度刚刚好。此外，她把包子放到电饭锅里蒸，再煎几个鸡蛋，然后洗锅。忙完这一切，她走到后阳台浇花，打扫地上的落叶。我和弟弟吃饱上学后，她刷洗碗筷，打扫卫生，拖地，最后换好衣服出门上班。"活脱脱地把母亲勤劳的性格、关爱孩子的情感表现得恰如其分。

（2）模仿课文写人的方法，培养学生抓住特点写人的能力。如李森祥《台阶》里对勤劳的父亲的描写："他的脚板宽大，裂着许多干沟，沟里嵌着沙子和泥土。"又如，《从百草园到三味书屋》中初次见到寿镜吾"是一个高而瘦的老人，须发都花白了，还戴着大眼镜"，"先生读书入神的时候"是这个样子的："他总是微笑起来，而且将头仰起，摇着，向后面拗过去，拗过去。"都是写人的典范，培养学生学会细心观察，抓住人物的特点来写，使人物形象既符合人物身份，又生动鲜明。

（3）模仿学习课文的写作顺序，学习作者围绕中心选材、组材的方法等，能帮我们克服不知从何写起，想到什么就写什么的弊端。如《散步》，按事情发展的顺序来写；再如《雨的四季》，作者刘湛秋按雨在春夏秋冬不同季节中的不同形象和特点，写四季的雨景和人的感受。

（4）模仿课文立意，化为己用，深化文章中心。庄子说："语之所贵者，意也。"立意关系到文章的质量和水平，例如，郑振铎的《猫》，文章回顾了自己养猫的三次经历，蕴含了作者对生命和为人处世之道的深沉思考。《皇帝的新装》通过一个昏庸无能又穷奢极欲的皇帝受骗上当的故事，揭露皇帝及大臣们自欺欺人的丑行。学生学了课文后，写作《送他人一朵花》时，赋予"花"更深的寓意：善解人意、无私奉献、理解信任……

文章的形态是通过"模式"表现出来的。熟悉了文章的一些写作模式，知晓了文章的一些表达规律，习作者就可以进行模仿，进行化用，进行改进，进行创造。中国教育学家刘海粟告诫他的弟子说，你先要学会模仿，在学习别人的基础上寻找自己的突破口。所以，要想训练学生尽快地学会写作，应该做到精选范文，模式先行。

但是，模仿毕竟不是电脑操作中的简单"替换"，只是途径，我们的目标是创新。学生只有融入了自己对生活独一无二的领悟，融入了自己领悟之后独一无二的情感体验，才能创作出自己的作品。

参考文献

［1］王世堪.中学语文教学法［M］.北京：高等教育出版社，1995.

［2］余映潮.致语文教师［M］.上海：华东师范大学出版社，2013.

初中语文文体教学的几点理解

陆丰市湖东中学　陈少略

　　在初中语文课堂教学中，多数语文教师的教学模式是先让学生整体感知文本，然后找出文章中心句或关键句，从中领会课文的主旨思想，最后以关键性的词句引导分析文章的结构等而收官。这是课改后的一种普遍的教学模式，对于文章的体裁即"文体"，基本上是一带而过或基本不提。而课改前的教学模式，则更着重于"文体"的教学，通过"文体"教学，层层深入去理解文意，最后解读作者的写作意图。作为一名一线初中语文教师，从教近20年来，经历了上述两种教学模式，综合个人的实践经验，个人认为，在这两种语文课堂教学模式中，重视"文体"教学是为更好地选择。下面是个人关于初中语文文体教学中的几点理解。

一、"文体"是文本的生成基础

　　自《诗三百》伊始，我们的文学创作已经走过了几千年的时光，而历代文人骚客在创作的时候，都会自觉或不自觉地循"体"而为。不管是诸子百家，抑或唐诗宋词，它们都生成于一定的规章之下，并传承至今。而当我们在阅读其中的作品的时候，就会自然而然地运用各种文体知识去理解、赏析，从而达到赏心悦目、开启灵智的目的。如诗歌音乐般的韵律、动感的节奏，散文的灵动而不失神韵，小说扣人心弦的跌宕情节等。最关键的是文体是文本的生成基础。为什么这么说呢？我们的创作都是为了表达某种意图，而要达成不同的意图，往往会采用最佳的文体。一如我们中国的美食，都是合适的食材与烹饪技术相结合的产物。所以，作为表达意图的载体，文本的产生便是建立在其选取的文体之上。如表达观点用议论文，介绍事物用说明文，抒发感情用散文，诸如此类，让我们有的放矢，运用自如，最完美地表情达意。

二、文体的理解有助于文本的阅读

孙双金老师说过："上好语文课，解读文本是第一位。"新课标明确指出了阅读的多维结构——阅读教学是学生、教师、教科书编者、文本之间对话的过程。我们都清楚，文体有文章体裁和文学体裁之说。前者是指平常所说的记叙文、说明文、议论文，而后者则指散文、诗歌、小说、戏剧等。两者既有区别，又是紧密地联系在一起的，它们通常都不做细致的区分，我们在教学实践中，重点应当抓住各自的特点进行指导学习即可。每当我们实施课文教学，首先需要考虑的是辨析、明确文体，因材施教。如部编版教材七年级下册中的《猫》一课，它既是一篇记叙文，同时也是一篇散文。从记叙文的角度，我们可以引导学生从时间、地点、人、事这几个方面去阅读理解文本。学生借助这一文体特点阅读后，便能弄清楚文本内容的梗概：作者在某个时段在家里养了三只猫的故事，进一步了解并揭示文章主旨。而从散文这一文体入手，教师可以明确地告诉学生：散文，运用不同的内容，共同表达某一种情感，即人们常说的"形散神聚"。同样，学生在阅读文本后会慢慢发现：不同的内容——养三只猫的经过，某一情感——对猫也是对弱者的同情，对生命平等的呼吁。所以，明确了文体，以文体特点切入文本，能让学生更好地理解文本，掌握文本所蕴含的意旨，进而达成我们的教学目标。

三、文体对课外阅读的指引

俗话说："授之以鱼，不如授之以渔。"随着初中学业考试的变革，语文的地位越来越重要，而阅读更是语文学科的重头戏。当下的语文课内阅读，已经远远不能满足语文考试的需求。像初中的语文学科学业考试，不单有课外的现代文阅读，原来属于选考的课外文言文阅读理解如今也纳入必考题里，这就充分说明了课外阅读的重要性。而如何让学生开展好课外阅读，掌握好相关的文体知识便显得尤为重要。有了这个入门的基础，面对不同类型的课外阅读，学生阅读的时候便可以对号入座，轻松地进入文本，进而全面解读文本，最终抓住文章的所言所指。例如，学生阅读的文章是一篇小说，他就可以在第一时间搜索到小说这一文体的相关信息：小说，以塑造典型的人物形象来反映社会现实，有环境、人物、情节三要素，其结构一般是开端、发展、高潮、结局。有了这些知识框架，能让学生阅读的目的明确、思路清晰，阅读的效率也就变高了。而我们的目的不就是帮助学生更好地提高阅读能力，在平时的阅读训练中缩短时间，提高阅读质量，甚至是在考试中利用良好的阅读能力这一优势获得更好的成绩。所以，文体知识对课外阅读的指引是起到事半功倍的作用的。

四、文体在写作中的作用

我们常说，听、说、读、写是学生需要掌握的几种能力，特别是读和写。读在上面已经讲到，这里再说一说写。众所周知，写作在语文中的地位是重中之重，在学业考试中，其分值几近半壁江山，120分的总分，作文就占了50分之多。如何写好一篇文章，除了要有丰富的素材积累，还需要正确地审题。跟大家所理解的审题稍有不同，这里讲的审题，其一是正确理解文题的要求，其二是对文体的正确选择与熟练运用。通过审题，在确认了文体之后，再选择恰当的材料，一篇文章就能顺势而生。这样做的好处是综合考虑而来的，针对不同能力层次的学生，虽然写出来的文章质量有高低之分，却能体现其优越性。对于优等生而言，文体既定，考究的是材料的使用与结构的安排，而相对于一般的学生，定好了文体，即使其选择的内容不出彩，但基调明确，能符合文题要求，高分不奢求，及格的分数还是可以期待的。一旦学生习惯了这种方式，在后续的学习中能持之以恒，不断熟练，其写作水平的提高是不言而喻的。

常言道：学以致用。我们学习的最终的目的都是在实践中运用。良好的学习方法，能帮助学生在学习中少走弯路。个人始终认为，在初中语文教学中，文体知识这一块应当好好利用，"工欲善其事，必先利其器"，用好这一"利器"，相信我们的语文教学会简单有效，我们的学生也学得有趣，学有所成。

参考文献

［1］双金.教师要做文本和学生的知音［J］.语文教学通讯，2006（10）.

［2］中华人民共和国教育部.义务教育语文课程标准（2011年版）［S］. 北京：北京师范大学出版社，2012.

初中语文之作文素材积累

陆丰市湖东中学　陈少略

　　俗话说："巧妇难为无米之炊。"同样地，在我们的写作当中，没有积累相应的素材也很难写出好文章。我从事初中语文教学近20年来，对学生作文这一块，感触最深的便是：内容单调、反复，甚至是言之无物、缺乏血肉、不具灵魂。在平时的作文教学中，我们习惯地指导学生如何审题（选题）、选材、谋篇布局等，但往往忽略了一个很关键的地方，就是作文素材的积累。作文素材，好的作文素材，是一篇文章的基础，是一篇好文章的根本。所谓"万丈高楼平地起"，其作用不言而喻。那么，如何让学生做好作文素材的积累呢？结合这些年的实践总结，我认为可以从以下几个方面来开展。

一、培养学生做生活的有心人

　　众所周知，创作来源于生活，又回归生活。一个人，如果对自己的生活不在意、不上心，那么他将错过生活的许多精彩。培养学生做生活的有心人，可以让学生在日常生活中留意自己身边发生的点点滴滴，真善美、假丑恶等。如面对乞丐的乞讨，为什么有人愿意施舍，有人不愿意施舍；过马路的时候，有人会遵守交通规则，有人不遵守交通规则；有人会将自己制造的垃圾丢入垃圾桶，有人却随手一扔等，这些不用刻意地去寻找，因为它就发生在我们的身边，是实实在在的。眼睛是心灵的窗户，让学生用心去观察，就能启发学生对生活的感悟，进一步内化为个人的人生体验，这种情感体验，就是一种潜在的素材。当这种行为慢慢地形成习惯，学生再面对写作的时候，自然而然，在选材方面就会由内心生发而出，不会再显得"囊中羞涩"，而是有的放矢，娓娓道来。而培养学生的这种行为习惯，可以逐层递进、由少到多、由粗到精，一开始是一天一件事或两件事，哪怕是普通的日常小事，慢慢地积少成多，在积累的过程中自觉地学会筛选，留取有代表性的材料，更好地为写好文章服务。

二、拓展学生的课外阅读

当下的初中生，课外阅读量都比较少，特别是近年来智能手机的普及，来势迅猛地转移了学生的学习注意力。而我所在的学校是一所农村学校，学生的课外阅读量更是微乎其微。一个班四五十个学生，一学期能读三五本课外书的有一两个，能读上一本的有十来个，剩下的几乎不存在课外阅读这回事。究其根源，一方面是学生缺乏兴趣；另一方面是课外图书的严重匮乏。学生的阅读兴趣随着教师的指引有了改进，图书匮乏的问题随着陆丰市教育创强、创现等的实施与大力推进，学校配备了大量的图书并开辟了图书室，满足了学生课外阅读的需求。马克思说过：任何时候我也不会满足，越是多读书，就越是深刻地感到不满足，越感到自己知识贫乏。拓展学生的课外阅读，让学生通过不同类型的书籍，了解课本以外的知识，增长学生的见识、开阔学生的视野。与此同时，对吸收的知识分门别类，作为日后写作的材料储备。当学生在活动中获取到需要，课外阅读习惯养成，更能培养学生对文字材料的敏感性，在日常写作训练中，准确快速地找到大脑中的素材积累，更好地为写好作文提供服务，更好地缩短了写作时间或考试时间。"不积跬步，无以至千里；不积小流，无以成江海。"畅游书海，累积知识，为写好作文的一大助力。

三、学生之间的素材交流共享

众人拾柴火焰高。一个人的力量是微弱的，一个人的思维方式也是倾向于固化的。让学生在生活中、阅读中学会作文素材的交流与共享，有利于拓宽信息来源的渠道。如何实现这一目标，我是这样做的。①开展阅读成果分享。将全班学生分为几个小组，每个组员将自己读到的故事讲述给其他组员听，中间如有雷同的内容让组员临时调整，确保信息的唯一。这样一来，小组成员之间会接收到相互阐述的不同的信息，既培养了学生的语言表达能力，最终更是达到了作文素材积累的目的。②学习园地共享。利用教室的学习园地，让学生把收集到的相关材料以文字的形式上墙。这样做的好处甚多，一来可以锻炼学生的书写能力，二来可以增强学生的荣誉感，三来可以促进学生主动参与集体活动的积极性，四来可以达到作文素材共享的目的，一举多得。

四、教师的知识传递

唐代大家韩愈说："师者，所以传道受业解惑也。"今天的教师也当如实地做到这般，给予学生一定的帮助。常言道：要给学生一碗水，老师要有一桶水。这句话除了说明当老师要有丰富的学识之外，从侧面也说明了老师总归会比学生多了解、多掌握一些相关的知识。在知识储备中，不管是生活经验还是阅读累积，都能传递给学生，丰富学生的见识，并促进学生的求知欲。其中值得一提的是，老师传递给学生的知识是经过有意筛选、提炼过的，能更简单明了地为学生所接受。举个例子：前面提到面对乞丐乞讨施舍的事，学生理解更多的是以有没有同情心为主，接收下来夹带了自己的个人情感，而老师的话传递给学生的则只有"乞丐乞讨"一事。为什么就这么简单？皆因我们的目的只是作文素材的积累，而素材本身就是最原始的材料，材料当中人事的作者或参与者其相关的个人情感色彩越少，越便于学生单一记忆，便于储存。这样一来，作文素材积累的目的就达到了。

初中语文作文素材的积累是一项基础工程，不可能一蹴而就，需要长期坚持，需要稳打稳扎，不断沉淀。积累的方式方法也并非一成不变，"条条大路通罗马"，它是因人而异的。以上所述，只是我在教学实践中一点粗浅的理解。无论如何，能对学生提高写作水平有帮助，对提高学生的学习成绩有帮助，只要是科学可行的方法都是好方法。